Quand Jésus
pose son regard sur moi

Catalogage avant publication de Bibliothèque et Archives nationales du Québec et Bibliothèque et Archives Canada

Titre : Quand Jésus pose son regard sur moi / Pierre Goudreault.
Noms : Goudreault, Pierre, 1965- auteur.
Description : Comprend des références bibliographiques.
Identifiants : Canadiana 20210055820 | ISBN 9782896889648
Vedettes-matière : RVM: Bible Évangiles—Méditations. | RVM: Jésus-Christ—Méditations. | RVMGF: Méditations.
Classification : LCC BS2555.54.G68 2021 | CDD 226/.07—dc23

Dépôt légal – Bibliothèque et Archives nationales du Québec, 2021
Bibliothèque et Archives Canada, 2021

Direction éditoriale : Jonathan Guilbault, Simon Maltais
Révision : Pierre Guénette
Mise en pages de l'intérieur et de la couverture : Mardigrafe
Illustration de la couverture : © *Christ Blessing*, 1465, de Antonello da Messina (2-595-829), Heritage Image Partnership Ltd

Dépôt légal – Bibliothèque et Archives nationales du Québec, 2021
Bibliothèque et Archives Canada, 2021

© Les Éditions Novalis inc. 2021

Cet ouvrage a été publié avec le soutien de la SODEC. Gouvernement du Québec – Programme de crédit d'impôt pour l'édition de livres – Gestion SODEC.

4475, rue Frontenac
Montréal (Québec) H2H 2S2
sac@novalis.ca • novalis.ca

Imprimé au Canada

Pierre Goudreault

Quand Jésus pose son regard sur moi

NOVALIS

À l'Église
de Sainte-Anne-de-la-Pocatière,
ma bien-aimée.

« Mon partage, Seigneur, je l'ai dit,
c'est d'observer tes paroles.
De tout mon cœur, je quête ton regard […]. »
Psaume 118, 57-58

Introduction

Le regard ne trompe pas. Les yeux sont les révélateurs de nos pensées et de nos sentiments les mieux cachés. Ils fascinent comme un livre ouvert et luisent comme un miroir de l'âme. Que pouvons-nous y observer ? Selon les circonstances, c'est tout notre état d'esprit qui passe dans notre regard : la joie, la fatigue, l'amour, la peur, l'émerveillement, la compassion, etc. Nous sommes sensibles à l'expression des yeux qui se tournent vers nous. C'est que la tournure de nos relations interpersonnelles change selon les messages communiqués par nos regards qui se croisent. À la rencontre des autres, nous découvrons, comme le disait Karl Rahner, jésuite allemand et professeur de théologie : « L'œil est également la fenêtre à laquelle paraît et se montre la personne ; il est la porte par laquelle non seulement le monde de l'homme pénètre en lui, mais par laquelle l'homme lui-même sort de son moi secret et se manifeste[1]. » Il y a une grande force dans les yeux. Un regard de haine peut intimider ou détruire une personne, tandis qu'un regard d'amour peut changer une vie.

Chose certaine, le regard bienveillant illumine l'existence des autres. Quand l'écrivain Paul Claudel dit « […] il y a des yeux qui reçoivent la lumière et il y a des yeux qui la donnent[2] », il rappelle qu'un regard aimant arrive à saisir chez l'autre l'éclat de son trésor intérieur. Alors, les yeux distinguent ce qu'il y a de meilleur en lui.

Le regard de Jésus est unique. C'est le regard de cet homme de Nazareth, mais aussi celui de Dieu posé sur son peuple. Nul ne peut voir Dieu s'il ne se fait voir. En Jésus Christ, Dieu se laisse voir et il fait découvrir les merveilles inouïes annoncées par les prophètes. Il s'agit de phénomènes jamais vus : « Les aveugles retrouvent la vue, et les boiteux marchent, les lépreux sont purifiés, et les sourds entendent, les morts ressuscitent et les pauvres reçoivent la Bonne Nouvelle » (*Mt* 11,5). Siméon qui attend ces temps nouveaux peut s'en aller en paix puisqu'il prend dans ses bras l'Enfant Jésus,

---

1. Karl RAHNER, *Vivre et croire aujourd'hui. Méditations théologiques*, Paris, Desclée, 1967, p. 25.
2. Paul CLAUDEL, *Le père humilié*, Paris, Nouvelle revue française, 1920, p. 5.

INTRODUCTION

le Messie : « Car mes yeux ont vu le salut que tu préparais à la face des peuples : lumière qui se révèle aux nations et donne gloire à ton peuple Israël » (*Lc* 2, 30-32).

Devenu adulte et proclamant le règne de Dieu, Jésus rencontre des hommes et des femmes, et il voit leur cœur. Son regard ne les laisse pas indifférents. Il les transforme profondément. Il révèle que Dieu voit au-delà des apparences. Toute personne a du prix à ses yeux. Par le regard de Jésus, Dieu contemple l'humanité. Il scrute les profondeurs illimitées de chaque personne, la partie la plus intime de son être. C'est là qu'il lui offre son amitié.

Jésus a tant de regards. Pour les retrouver, j'ai voulu lire les quatre évangiles. J'y ai découvert que Marc, Matthieu, Luc et Jean ont décrit des aspects différents du regard de Jésus d'après ce que l'Esprit Saint leur a permis d'en saisir. Chaque auteur en souligne des traits spécifiques et complémentaires qui permettent d'en percevoir la profondeur. Dans ce livre, ce sont douze regards de Jésus que je dessine peu à peu pour vous. Chacun d'entre eux correspond à un chapitre. Ces regards sont présentés sous la forme d'une méditation biblique. Le lecteur ou la lectrice en découvrira trois pour chacun des quatre évangiles.

Une question guide mon étude des textes bibliques : quels regards de Jésus inspirent nos vies et nous relancent à devenir des disciples-missionnaires ? En répondant à cette question, je ne prétends pas présenter tous les regards de Jésus. J'ai choisi de me limiter à douze d'entre eux qui sont très représentatifs de la description faite par les évangélistes.

Pourquoi suis-je tant fasciné par le regard de Jésus ? Je peux témoigner que la méditation des textes évangéliques, au fil des années, m'a permis d'accueillir l'amour bienveillant du Seigneur dans ma vie. Sous le regard de Jésus, je suis touché par sa miséricorde. Je prends conscience de mes fragilités et de mes forces. Cela me relance pour vivre une conversion personnelle afin de mieux suivre le Christ. Cette conversion, je sais qu'elle se poursuit ; elle m'accompagnera toute ma vie ! J'ai la ferme conviction que les regards de Jésus m'humanisent et me donnent le goût de développer mon amitié avec Dieu. Par cet ouvrage, je souhaite réveiller chez d'autres le désir du Dieu de Jésus Christ, de son message et de son regard. À chaque instant de nos vies, Jésus nous voit, il nous aime et il nous appelle à témoigner de lui afin que le monde soit transformé par la joie de l'Évangile.

Ce livre rassemble des entretiens préparés pour une retraite spirituelle que j'anime sous le même thème que cet ouvrage. J'y présente des méditations de certains récits évangéliques qui invitent à vivre un cheminement intérieur. Une telle démarche nous demande de découvrir ce qui se passe dans notre cœur lorsque Jésus tourne ses yeux vers nous.

La première partie de chaque chapitre propose un récit de vie qui relate une histoire ou un événement. Cette approche qualitative nous aide à mieux repérer par la suite le regard de Jésus pour en interpréter sa signification humaine et divine.

La deuxième partie présente un texte de l'évangile à lire et à méditer. Nous y découvrons Jésus de Nazareth qui pose son regard sur quelques personnes : ses disciples, un jeune homme, une femme malade, un collecteur d'impôts, deux aveugles, sa mère, etc.

Pour mieux goûter le récit biblique, la troisième partie est consacrée à la présentation d'un commentaire. À cette étape, nous sommes invités à nous laisser séduire par le regard de Jésus en vue d'une rencontre avec lui. Nous ne pouvons sortir de cette rencontre sans que cela transforme notre propre regard sur nous-mêmes, sur les autres et sur Dieu. Saint Paul l'affirme avec zèle dans l'une de ses lettres aux *Corinthiens* : « Désormais nous ne regardons plus personne d'une manière simplement humaine : si nous avons connu le Christ de cette manière, maintenant nous ne le connaissons plus ainsi » (*2 Co* 5, 16). C'est que le regard de Jésus scrute nos yeux pour s'y refléter par la suite dans notre manière de voir les autres.

La quatrième partie aborde une expression du regard de Jésus en faisant un lien avec certains propos du pape François recueillis dans l'exhortation apostolique *La joie de l'Évangile*[3]. Au moment où il nous rappelle avec insistance l'importance de devenir une Église en sortie pour annoncer l'Évangile auprès des personnes qui connaissent peu Jésus Christ ou qui ne l'ont pas rencontré, certaines communautés chrétiennes hésitent à le faire. Elles ont peine à sortir de leur zone de confort très liée aux activités habituelles de la catéchèse et de la liturgie. Sans négliger ces occupations, fort importantes par ailleurs, il est essentiel de les rendre plus missionnaires et de consacrer du temps pour aller vers les gens afin de leur témoigner de l'Évangile. Joseph Moingt, jésuite français et théologien spécialisé en christologie, écrit avec à-propos que le plus bel héritage de l'annonce de l'Évangile que l'on peut laisser aux gens, « […] c'est de leur transmettre un certain regard : le regard du croyant sur Jésus et sur son histoire, le regard de Jésus sur l'homme et sur

---

3. Voir Pape François, « Exhortation apostolique *Evangelii Gaudium* (*La joie de l'Évangile*) sur l'annonce de l'Évangile dans le monde », *La Documentation catholique*, tome 111, n° 2513, 2014, p. 6-83.

l'avenir[4] ». Accompagner les femmes et les hommes d'aujourd'hui à devenir des disciples-missionnaires ne consiste pas tant à leur communiquer des connaissances qu'à les éveiller au regard de Jésus posé sur eux.

Certaines personnes qui liront ce livre ne voudront pas se soustraire aux différents regards de Jésus. La cinquième partie leur fournira donc l'occasion d'approfondir ces regards par une démarche d'intégration personnelle. Quelques questions leur seront alors proposées afin de poursuivre la méditation du récit évangélique et de l'actualiser dans leur vie. Ces interrogations interpellent chacun et chacune à voir les autres avec les yeux de Jésus et à vivre une conversion missionnaire qui leur permettra de participer à une Église en sortie.

Chaque chapitre se termine par une prière. Celle-ci invite à prolonger un cœur à cœur avec le Christ ressuscité qui nous voit tels que nous sommes, avec nos forces et nos faiblesses, nos joies et nos peines, nos rêves et nos désillusions. C'est aussi l'occasion, en terminant un chapitre, de remercier le Seigneur qui nous cherche du regard et nous trouve pour nous manifester sa présence et son amour bienveillant. De tout cœur, je souhaite que la lecture de cet ouvrage éclaire la recherche des personnes en quête d'un sens à la vie et leur

---

4. Joseph MOINGT, « Transmettre un regard », *Catéchèse*, n° 138, 1995, p. 83.

inspire une rencontre plus personnelle avec le Christ vivant. Je désire aussi qu'elle soutienne la mission des baptisés par laquelle Jésus leur révèle l'intensité de son regard.

Première partie

REGARDS DE JÉSUS DANS L'ÉVANGILE DE *MARC*

Prélude

On attribue à Marc le privilège d'être le pionnier à recourir à un nouveau style littéraire : l'évangile. D'ailleurs, son texte débute en affirmant : « Commencement de l'Évangile de Jésus, Christ, fils de Dieu » (*Mc* 1, 1). Il s'agit là du premier document narratif parvenu jusqu'à nous qui retrace l'histoire de Jésus de Nazareth. Le mot « commencement » annonce la trame évangélique qui va se dérouler. Au moment où Jésus proclame l'Évangile, c'est-à-dire la Bonne Nouvelle qui annonce le Règne, voilà que l'annonceur devient, dans le récit de Marc, l'annoncé.

Pour mieux apprécier les regards de Jésus, il importe de bien situer l'évangile de *Marc*, le plus court parmi les synoptiques. Chose intéressante, le mot « synoptique » vient du grec *synoptikos*, qui signifie « sous un seul regard ». En effet, en raison d'éléments communs aux évangiles de *Marc*, de *Matthieu* et de *Luc*, on peut les lire en découvrant des rapprochements significatifs[5]. Les trois évangiles décrivent à leur façon des regards de Jésus qui s'éclairent mutuellement pour mieux le connaître grâce au témoignage de foi des premières communautés chrétiennes.

Que savons-nous de Marc ? Il est fort probable qu'il s'agisse du jeune Jean-Marc dont il est question dans le livre des *Actes des Apôtres* : « S'étant repéré, [Pierre] se rendit à la maison de Marie, la mère de Jean surnommé Marc, où se trouvaient rassemblées un certain nombre de personnes qui priaient » (*Ac* 12, 12). Ce Jean-Marc part en mission avec Barnabé, son cousin[6], et Paul, mais il les abandonne quand le moment arrive pour eux de s'embarquer pour l'Asie Mineure. Il préfère retourner chez sa mère. Un peu plus tard, Paul accepte de l'accueillir pour une autre mission. Et Pierre signale dans sa lettre que Marc, son fils, est avec lui à Rome[7]. La tradition a toujours représenté Marc comme le disciple de Pierre. D'ailleurs, Papias, évêque d'Hiérapolis, rapporte, vers l'an 130, que « Marc, qui avait été interprète de Pierre, écrivit exactement, mais non en ordre, tout ce qu'il se rappelait des paroles

---

5. Voir COLLECTIF, « Introduction évangiles synoptiques », *La Bible. Traduction officielle liturgique*, Paris/Ottawa, Mame/CECC, 2013, p. 1633-1635.
6. « Vous avez les salutations d'Aristarque, mon compagnon de captivité, et celles de Marc, le cousin de Barnabé – vous avez reçu des instructions à son sujet : s'il vient chez vous, accueillez-le » (*Col* 4, 10).
7. Voir *1 P* 5, 13.

et des actions du Seigneur. Car il n'avait ni entendu ni vu le Seigneur, mais plus tard, il avait suivi Pierre[8] ». À lire Marc, tout porte à croire que certains aspects du témoignage de Pierre constituent un arrière-plan de l'évangile.

Quelques points de repère permettent de déterminer la date de l'évangile de *Marc*. Les lecteurs sont frappés quant à la place occupée dans son texte par les persécutions. Un premier indice signale le contexte de celles-ci à Rome, vers l'an 64. Le chapitre 13 révèle une autre information : nous pouvons y lire la destruction du temple de Jérusalem. Il peut s'agir de la première guerre juive (66-70) qui aboutit à la prise de Jérusalem par Titus et à l'incendie du Temple. Ce récit évoque une visée apocalyptique qui met l'accent sur la venue du Christ. Ces indications laissent à penser que Marc rédige son évangile aux alentours de l'an 70.

L'évangile de *Marc* étant le plus ancien, ses récits sont issus de l'annonce heureuse de la prédication de Jésus et des sources orales qui ont rapporté son message. L'auteur rédige son texte en langue grecque dans un style très accessible. C'est ce que rapporte l'exégète Daniel Marguerat : « L'évangile, dans son écriture, a pris l'habit de la modestie, mais il porte

---

8. Eusèbe de Césarée, *Histoire ecclésiastique III*, Paris, Cerf, 1976, coll. « Source chrétienne », n° 55, p. 89.

au-dedans une vivacité poétique que sert la rugosité de l'expression, un relief souvent laissé brut[9]. » Cet évangile ne possède que seize chapitres. Toutes ces raisons en favorisent l'étude chez ceux et celles qui s'initient au Nouveau Testament.

Ce premier évangile voit le jour à Rome. Marc écrit à des chrétiens venus du monde païen, à qui il devient nécessaire d'expliquer les us et coutumes des pratiques religieuses chez les juifs. Le chapitre 7 en est un bon exemple. Marc en informe les membres de sa communauté qui ne sont pas au courant de ces règles :

> Les pharisiens en effet, comme tous les Juifs, se lavent toujours soigneusement les mains avant de manger, par attachement à la tradition des anciens ; et au retour du marché, ils ne mangent pas avant de s'être aspergés d'eau, et ils sont attachés encore par tradition à beaucoup d'autres pratiques : lavage de coupes, de carafes et de plats (*Mc* 7, 3-4).

Il est intéressant de constater que le premier évangile est né en terre païenne. Cela nous permet de comprendre l'importance que Marc accorde à l'évangélisation. Nous l'observons

---

9. Daniel MARGUERAT, *Introduction au Nouveau Testament. Son histoire, son écriture, sa théologie*, Paris/Montréal, Labor/Fides, 2000, p. 47.

lorsqu'à la mort de Jésus l'évangéliste rapporte la belle confession de foi du centurion romain au pied de la croix : « Vraiment, cet homme était Fils de Dieu ! » (*Mc* 15, 39). La communauté de Marc, à Rome, s'expose au danger des persécutions. Elle découvre que le fait de suivre le Christ, de mettre sa foi en lui conduit à courir des risques. D'où les nombreux martyrs sous l'empereur Néron, dont Pierre, en l'an 64. C'est pourquoi la foi que propose Marc dans son évangile encourage les membres de la communauté à demeurer debout avec force malgré les périls qu'ils doivent affronter.

L'action de l'évangile se passe principalement dans le nord de la Palestine, perçu comme la « Galilée des païens ou des nations ». Certains juifs considèrent ainsi cette région avec mépris. Mais Jésus s'y rend plusieurs fois. À l'inverse de cette terre accueillante, Jérusalem est présentée dans les récits comme la cité qui refuse Jésus. De plus, il est intéressant de remarquer chez Marc au sujet des deux rives du lac de Tibériade que l'une est juive, l'autre païenne. Et Jésus va inviter ses disciples à passer sur l'autre rive. Il les prépare ainsi à une nouvelle mission.

Quel visage de Jésus Marc dévoile-t-il dans son évangile ? Dès le premier chapitre, l'évangile de *Marc* nous révèle que Jésus est le « Fils de Dieu » (*Mc* 1, 1). Mais, par la suite, on s'interroge malgré tout sur l'identité de Jésus. Il est aussi question du « Fils de l'Homme », figure céleste de la fin des temps. Enfin, « c'est dans la confession de Pierre à Césarée (*Mc* 8, 27-30) que le titre de "Christ" est reconnu à Jésus; elle marque un sommet du récit et son pivot[10] ». La façon dont l'évangéliste Marc met en lumière la révélation de Jésus comme Fils de Dieu et Christ est cependant toujours cachée. C'est le « secret messianique » propre à Marc. Le seul titre qu'accepte Jésus est celui de Fils de l'Homme. C'est dire qu'un secret contribue au mystère si déroutant de Jésus. Marc vient peut-être nous dire que Jésus est tout autre que l'idée que nous pouvons nous en faire.

---

10. *Ibid.*, p. 56.

Chapitre 1
Un regard appelant

Un regard appelle, fait signe. Il peut s'agir d'une invitation, d'une séduction, d'un appel au secours, d'une supplication. Chose certaine, le regard appelant sollicite l'attention et demande une réponse. Il peut aussi avoir un impact sur l'instant présent de sa vie.

Appeler, c'est souvent inviter l'autre par son nom à venir, à agir. Qu'il soit communiqué par une parole, un signe ou un regard, l'appel permet d'entrer en relation avec son interlocuteur ou interlocutrice et suscite chez ceux-ci une réponse libre. Ainsi, il y a l'appelant et l'appelé. Dans la vie chrétienne, signale le pape François, « il est vrai que le mot "vocation" peut être compris au sens large comme appel de Dieu. La vocation inclut l'appel à la vie, l'appel à l'amitié avec lui, l'appel à la sainteté, etc. Cela est important, parce qu'elle place notre vie face à Dieu qui nous aime [...][11] ». En présence du Seigneur, il importe de discerner et de découvrir ce à quoi il nous appelle pour trouver le bonheur.

Dieu nous parle par sa Parole, les événements et les personnes. Il nous convie à le rencontrer, à le connaître et à le suivre. À la suite des premiers disciples, « nous sommes appelés par le Seigneur à participer à son œuvre créatrice, en apportant notre contribution au bien commun à partir des capacités que nous avons reçues[12] ». Chacun et chacune de nous peut dire : « Je suis une mission sur terre, et pour cela je suis dans ce monde[13]. » Marqués par cette mission, nous sommes invités à voir autrement les êtres afin d'écouter comment Dieu nous fait signe de les accompagner, de les soigner et de les libérer.

---

11. Pape François, « Exhortation apostolique *Christus vivit* (*Il vit, le Christ*) sur les jeunes, la foi et le discernement vocationnel », *La Documentation catholique*, tome 116, n° 2536, 2019, n° 248.
12. *Ibid.*, n° 253.
13. Pape François, « Exhortation apostolique *Evangelii Gaudium* (*La joie de l'Évangile*) sur l'annonce de l'Évangile dans le monde », *La Documentation catholique*, tome 111, n° 2513, 2014, n° 273.

L'appel à regarder chaque être comme la première fois

François Cheng est un enseignant, un traducteur et l'auteur d'une trentaine de romans, de méditations et d'essais. Il est né en 1929, en Chine, mais il a vécu la majeure partie de sa vie en France, où il est devenu membre de l'Académie française. Son style poétique définit le mieux ce magicien des mots. Il réfléchit sur la part en nous où beauté et bonté sont réunies. Cela l'a conduit à aiguiser son regard pour contempler la singularité de l'être qui jaillit comme la lumière à travers un vitrail. Il s'agit là de tout un apprentissage :

> La vie pratique nous impose des règles et des normes pour pouvoir fonctionner. Elle nous enfonce dans une répétition qui nous rend aveugles et sourds. Nous ne nous rendons plus compte que tout ce qui advient dans l'instant est « événement-avènement ». Prenez un tableau accroché au mur : chaque fois qu'on le regarde, c'est une nouvelle rencontre. La beauté n'est jamais quelque chose que l'on possède et que l'on met dans sa poche. Il en va de même pour une personne. Il nous faut apprendre à regarder chaque être comme si c'était la première fois. Pris par l'habitude, nous percevons encore moins ce qui se cache dans les interstices et

les intermittences, des choses merveilleuses ou émouvantes, le rire d'un enfant, le vol d'un oiseau, un parfum, une couleur, une présence… Tout est appel, tout est signe. Il nous suffit en réalité de prêter attention. Cela a l'air simple ; c'est tout de même une discipline. Rilke a dit : « J'apprends à voir. » […]

Nous sommes d'accord : c'est dans la nuit qu'on voit la vraie lumière, c'est dans la souffrance qu'on connaît la vraie joie. Pourquoi Dieu se cache-t-il à notre vue ? Le Créateur est tenu de rester en retrait pour que les créatures puissent vivre pleinement. Dès lors, tout ce qui relève de la vraie vie est toujours un peu à l'ombre. Ce que nous percevons, c'est le phénomène. Ce qui relève de la part divine est caché. C'est à nous d'aller à la rencontre de cela. Et pour y parvenir, il faut dépasser les évidences. Même en présence d'une simple fleur ! Il y a l'éclat des pétales et il y a l'ombre des racines. Pour capter la vraie beauté d'une fleur, il faut tenir ces deux bouts[14].

---

14. François CHENG, « Il existe en nous une part divine où beauté et bonté sont réunies. Entretien avec François-Xavier Maigre », *Panorama*, n° 553, 2018, p. 15-16.

Dans son témoignage, François Cheng nous convie à poser un regard neuf sur chaque personne faite à l'image de Dieu. C'est la voie pour découvrir ce qu'il y a de grand et de beau dans l'homme ou la femme. Le regard qui aperçoit l'autre au-delà des apparences s'émerveille. Il ne juge pas. Il accueille l'autre tel qu'il est, avec ses fragilités et ses richesses. Il en va de même lorsque les yeux contemplent la nature. Ils voient alors plus que des créatures ; ils reconnaissent des signes de l'amour de Dieu. Qu'en est-il dans nos propres vies ? Est-ce que nous prenons le temps d'entrer en relation avec les autres et de contempler leurs trésors intérieurs ? Comment la beauté de la nature et les charismes des personnes nous interpellent-ils ? Que nous disent-ils à propos de Dieu ?

Chose certaine, Dieu prend l'initiative de se faire proche et de poser son regard sur chaque être. C'est ce que rapporte l'évangéliste Marc lorsqu'il présente Jésus qui rencontre ses premiers disciples. Le Christ a une façon unique de les regarder et de les appeler à sa suite.

L'appel des quatre premiers disciples

L'évangéliste Marc présente un récit d'appel (*Mc* 1, 14-20). Nous y retrouvons deux événements successifs où Jésus prend l'initiative d'appeler des personnes à sa suite. En lisant ce texte, soyons attentifs aux personnages, aux lieux et à la séquence commune de la rencontre entre Jésus et les deux couples de frères.

> ¹⁴ Après l'arrestation de Jean, Jésus partit pour la Galilée proclamer l'Évangile de Dieu ;
>
> ¹⁵ il disait : « Les temps sont accomplis : le règne de Dieu est tout proche.
>
> Convertissez-vous et croyez à l'Évangile. »
>
> ¹⁶ Passant le long de la mer de Galilée, Jésus vit Simon et André, le frère de Simon, en train de jeter les filets dans la mer, car c'étaient des pêcheurs.
>
> ¹⁷ Il leur dit : « Venez à ma suite. Je vous ferai devenir pêcheurs d'hommes. »
>
> ¹⁸ Aussitôt, laissant leurs filets, ils le suivirent.
>
> ¹⁹ Jésus avança un peu et il vit Jacques, fils de Zébédée, et son frère Jean, qui étaient dans la barque et réparaient les filets.

[20] Aussitôt, Jésus les appela. Alors, laissant dans la barque leur père Zébédée avec ses ouvriers, ils partirent à sa suite.

Avez-vous remarqué la manière dont les deux parties de ce récit sont construites ? Dans les deux cas, cinq étapes se succèdent : le passage de Jésus près de deux frères ; la description de leur métier ; l'appel à suivre le Christ ; l'abandon de leur travail et de leur famille, et le choix d'être avec lui. Chaque fois, Marc raconte, dans une extrême sobriété, l'impact du regard de Jésus sur ces hommes.

De la barque au chemin

La Bible est parsemée des verbes « voir » et « rencontrer ». Ce n'est pas un hasard ! Les textes bibliques racontent plusieurs histoires où Dieu cherche à rencontrer son peuple. Dans le Nouveau Testament, Dieu se donne à voir en Jésus, son Fils unique. Celui-ci en est la révélation pleine et entière. Par Jésus, Dieu se fait voir et entendre.

Aux versets 14 et 15 du chapitre 1, Marc montre Jésus qui commence sa vie publique sur les rives de la mer de Galilée. Il y proclame l'Évangile de Dieu, c'est-à-dire la Bonne Nouvelle. Dans le Nouveau Testament, il apparaît comme le messager du Royaume : « Les temps sont accomplis : le règne de Dieu est tout proche. Convertissez-vous et croyez à l'Évangile » (*Mc* 1, 15). Comme le souligne René Latourelle, prêtre jésuite et théologien québécois, « [...] pour Marc, l'Évangile est encore plus un événement qu'un message. Et cet événement embrasse toute l'existence du Christ, mais par rapport au point culminant de cette existence, à savoir la passion et la Résurrection[15] ». Ainsi, Marc situe toute l'existence de Jésus, de son baptême à sa Résurrection, comme un Évangile. Dans cette Bonne Nouvelle, il y a la joie des temps nouveaux qui adviennent et l'exigence de l'appel à la conversion. Aujourd'hui, il est bon de se demander de quelle manière Jésus est encore pour nous une Bonne Nouvelle. Accueillir l'annonce joyeuse de son message nous invite aussi à voir quel aspect de nos vies a besoin d'être transformé afin que nous puissions nous tourner davantage vers Dieu.

En plus de proclamer l'Évangile, Jésus commence sa mission en prenant l'initiative d'aller à la rencontre de quelques personnes. Marc n'hésite pas à raconter l'appel des quatre premiers disciples dès le début de son texte. Avant de présenter les enseignements ou les miracles, il met en lumière ces hommes qui deviendront les Apôtres et les témoins des actes et des paroles de Jésus. Nous pouvons y reconnaître, dès le départ, la

---

15. René LATOURELLE, « Évangile », *Dictionnaire de théologie fondamentale*, Montréal/Paris, Bellarmin/Cerf, 1992, p. 410.

volonté de Jésus de s'associer d'autres personnes pour participer à sa mission. Ainsi, le récit se divise en deux tableaux parallèles : l'appel de Simon et de son frère André, et celui des deux frères, Jacques et Jean.

À deux reprises, nous retrouvons le verbe « voir » dans le texte biblique : « Jésus vit Simon et André » (*Mc* 1, 16), puis « Jésus avança un peu et il vit Jacques, fils de Zébédée, et son frère Jean » (*Mc* 1, 19). Qu'est-ce que Jésus voit ? Certes, l'évangile est sobre à ce sujet. Bien que ce récit se retrouve aussi chez Matthieu et Luc, Marc se distingue d'eux en faisant une grande place aux disciples. Plus souvent que les autres évangélistes, il note leur place auprès de Jésus. Dans le récit de l'appel des quatre premiers disciples, Jésus voit le lac de Tibériade, appelé aussi « mer de Galilée ». Il y contemple probablement le calme et la tranquillité des étincelantes eaux bleues qui deviennent quelquefois d'un mauvais gris lors de violents orages. Ce lieu est la frontière entre le monde juif et le monde païen. La mer symbolise les forces du mal à vaincre. C'est là que Jésus commence sa mission par une première prédication et par le choix de ses disciples.

Jésus aperçoit la barque avec ses deux pêcheurs. Marc accorde une importance, dans son évangile, au mot « barque ». La première partie se passe en va-et-vient d'une rive à l'autre du lac. Et la barque se situe entre la maison et le chemin.

Plus tard, elle devient l'image par excellence de l'Église. Jésus la revoit lorsqu'il va à la pêche avec ses amis, qu'il prend le temps de discuter avec eux et qu'il enseigne aux foules regroupées aux abords de la mer de Galilée.

André et Simon ont une entreprise de pêche en commun avec Zébédée et ses fils[16]. Les deux familles se connaissent bien et sont associées. Jésus voit André et Simon au large, ce jour-là, dans leur barque, tandis que Zébédée, en compagnie de Jacques et Jean, ses fils, répare ses filets en préparation d'une nouvelle pêche.

Jésus remarque d'abord Simon et André, et son regard se pose sur eux. Il constate probablement leur force et leur persévérance au travail. Sans se lasser, ils lancent et ramènent leurs filets. À quoi peuvent bien rêver ces pêcheurs ? Possiblement à d'autres rivages depuis lesquels ils rapporteraient leurs filets pleins à craquer de poissons. Mais sont-ils prêts à quitter tout pour cela, même la mer de Galilée ? Nous-mêmes, nous avons des hésitations à quitter nos habitudes et nos conforts personnels pour risquer un changement ou une rencontre nouvelle. Nous ne pouvons entendre l'appel du Seigneur et le besoin éprouvé chez notre prochain si nous demeurons ligotés à nos manières de faire. Cela limite inévitablement notre capacité de

---

16. Voir *Lc* 5, 10.

naviguer vers de nouveaux horizons. Et Jésus ose prendre l'initiative d'inviter ces deux hommes à tout quitter. Son regard se porte sur ces hommes ordinaires, et il attend d'eux une réponse extraordinaire : « Venez à ma suite. Je vous ferai devenir pêcheurs d'hommes » (*Mc* 1, 17). L'image, « pêcheurs d'hommes », est surprenante dans la bouche de Jésus. Si la lancée des filets peut devenir une bonne affaire pour les pêcheurs habiles, elle ne l'est jamais pour les poissons attrapés ! Mais c'est à partir des compétences de leur métier qu'est prédite la réussite heureuse de leur mission de disciples.

Et voilà qu'à l'invitation communiquée par la parole de Jésus et par son regard appelant, les disciples, qui ne sont nullement prêts à se laisser saisir par cet inconnu, réagissent promptement : « Aussitôt, laissant leurs filets, ils le suivirent » (*Mc* 1, 18). Cela peut sembler impensable ! Qu'ont-ils donc laissé pour se mettre à la suite de Jésus ? Pour répondre à cette question, il est bon de lire la réflexion de Grégoire le Grand, pape et auteur d'œuvres patristiques au 6e siècle qui a marqué l'histoire de l'Église :

> Mais peut-être l'un ou l'autre d'entre vous se dit-il en lui-même : « Qu'ont-ils laissé, à la voix du Seigneur, ces deux pêcheurs qui n'avaient presque rien ? » En cette affaire, frères

bien-aimés, nous devons peser plutôt l'amour que l'argent. Il a beaucoup laissé, celui qui n'a rien gardé pour lui ! Il a beaucoup laissé, celui qui a abandonné tout le peu qu'il avait ! Quant à nous, non seulement nous gardons avec soin ce que nous possédons, mais nous poursuivons avec convoitise ce que nous n'avons pas. Pierre et André ont beaucoup laissé, quand ils ont abandonné, l'un et l'autre, jusqu'au désir d'avoir[17].

Bien qu'ils soient de pauvres pêcheurs, Simon et André sont mis au défi par Jésus de renoncer à leur style de vie et à la possibilité de posséder un avoir. Il en va de même lorsque Jésus va un peu plus loin et voit Jacques, fils de Zébédée, et son frère Jean. À son appel, « laissant dans la barque leur père Zébédée avec ses ouvriers, ils partirent à sa suite » (*Mc* 1, 20). Ici, Marc met l'accent sur le choix difficile de laisser leur père, leur famille et leurs collègues pêcheurs. Ces deux hommes renoncent à beaucoup. Ils le font, car ils sont séduits par la force inspirante de la parole de Jésus et par la profondeur de son regard. Jésus fait appel à ce qu'il y a de meilleur en Simon, André, Jacques et Jean : leur liberté. C'est parce que ceux-ci sont des hommes libres, capables de laisser leurs filets, qu'ils

---

17. Collectif, *Bible chrétienne. II* Commentaires*, Sainte-Foy, Anne Sigier, 1990, p. 177.

entendent la voix de Jésus : « Venez. » À peine ont-ils pris le temps de se demander s'il fallait renoncer à la pêche, à ce métier appris de leur père depuis leur enfance, qu'ils acceptent de pêcher autrement, et ailleurs. En faisant confiance à Jésus pour devenir des pêcheurs d'hommes, la mer de Galilée devient l'océan des nations. Et ils ne se limitent plus à pêcher, mais ils s'exercent à prêcher. Ils quittent leur barque pour aller sur un chemin qui les conduit à marcher à la suite du maître. Il s'agit d'une réorientation complète de leur vie pour le service de l'Évangile.

Depuis les premiers siècles de l'histoire de l'Église, des hommes et des femmes choisissent de tout quitter pour répondre à un appel précis de Dieu. Ils font l'expérience qu'une conversion personnelle est nécessaire s'ils veulent persévérer à la suite du Christ. Régulièrement, ils connaissent des détachements, voire des dépouillements. Certains renoncent à leur avoir ou à leur prestige. D'autres se détachent de leur mentalité ou de leur pouvoir afin de mieux suivre le Christ.

Encore aujourd'hui, le Seigneur nous appelle à le suivre. Cela nous demande de renouveler quotidiennement notre « oui ». Sommes-nous capables de lâcher prise sur les filets de nos vies qui nous retiennent et qui nous empêchent de marcher à sa suite ? Il peut s'agir des filets de nos sécurités, de nos habitudes, de nos activités, de nos commodités. L'appel des quatre premiers disciples par Jésus nous exhorte à changer nos vies, à croire et à devenir ses disciples. Le Seigneur passe aujourd'hui dans notre existence comme il passait, il y a plus de deux mille ans, sur la rive du lac de Tibériade. Demandons-lui de nous apprendre à lâcher prise sur certaines situations dont nous n'avons pas le contrôle ainsi que sur nos manières d'être et de faire. S'y exercer, c'est retrouver notre liberté intérieure pour nous attacher sans réserve au Christ.

D'autres disciples se joignent progressivement aux quatre premiers. Marc leur accorde une place de choix. Il souligne le privilège qui est le leur et qui fait d'eux la parenté de Jésus : « "Qui est ma mère ? Qui sont mes frères ?" Et parcourant du regard ceux qui étaient assis en cercle autour de lui, il dit : "Voici ma mère et mes frères. Celui qui fait la volonté de Dieu, celui-là est pour moi un frère, une sœur, une mère" » (*Mc* 3, 33-35). Ils seront toujours avec Jésus, à l'exception du moment de sa Passion. Pour l'évangéliste, « être avec Jésus » et « témoigner de l'Évangile » semblent représenter l'idéal du disciple. D'ailleurs, il est le seul à préciser que Jésus « en institua douze pour qu'ils soient avec lui et pour les envoyer proclamer la Bonne Nouvelle » (*Mc* 3, 14). À la suite des Apôtres au lendemain de Pâques, nous prenons conscience que l'Évangile n'est pas d'abord un livre sacré, c'est Quelqu'un : le Christ ressuscité ! Marc veut ainsi que la communauté chrétienne à laquelle il écrit reconnaisse, dans le groupe des disciples, le modèle initial de la marche à la suite de Jésus. Il s'agit bien de la marche à laquelle nous sommes encore invités aujourd'hui.

Tout de suite après l'appel des quatre premiers disciples, Jésus entre avec eux dans Capharnaüm (*Mc* 1, 21). C'est ce qui conduit Jean Delorme, exégète qui a collaboré à la traduction œcuménique de la Bible (TOB), à reconnaître que, à partir de ce moment, « Jésus est donc maintenant accompagné de ses disciples. C'est l'image de Jésus chez Marc : vous pouvez toujours supposer que les disciples sont avec lui. Il n'y aura qu'une exception, bien compréhensible, quand Jésus envoie les Douze en mission[18] ». Cela justifie le choix délibéré de l'évangéliste de mettre en tête l'appel des quatre disciples.

Le lâcher-prise sur un certain critère pastoral

Le récit de l'appel des quatre premiers disciples nous interpelle dans notre manière d'être disciples-missionnaires aujourd'hui. Pierre, André, Jacques et Jean laissent leurs filets – il s'agit de ce qui leur tient le plus à cœur, soit leur métier de pêcheur, leur famille, leur style de vie – pour suivre Jésus qui les appelle à sa suite. Encore aujourd'hui, nous avons à renoncer à ce qui

---

18. Jean Delorme, *Lecture de l'Évangile selon saint Marc*, Paris, Cerf, 1972, coll. « Cahiers Évangile », p. 34-35.

nous retient pour suivre le Christ évangélisateur dans une Église en sortie. Dans l'exhortation apostolique, *La joie de l'Évangile*, le pape François rappelle clairement un aspect auquel il importe de ne plus s'accrocher :

> La pastorale en terme missionnaire exige d'abandonner le confortable critère pastoral du « on a toujours fait ainsi ». J'invite chacun à être audacieux et créatif dans ce devoir de repenser les objectifs, les structures, le style et les méthodes évangélisatrices de leurs propres communautés. Une identification des fins sans une adéquate recherche communautaire des moyens pour les atteindre est condamnée à se traduire en pure imagination. J'exhorte chacun à appliquer avec générosité et courage les orientations de ce document, sans interdictions ni peur. L'important est de ne pas marcher seul, mais de toujours compter sur les frères et spécialement sur la conduite des évêques, dans un sage et réaliste discernement pastoral[19].

---

19. Pape François, *op. cit.*, n° 33.

Parfois, je suis témoin que certains baptisés engagés au sein d'une équipe missionnaire se retrouvent devant l'évidence de mettre en œuvre un changement. Certes, toute transformation dans nos manières de faire demande inévitablement de quitter le confort de nos habitudes. La résistance peut rapidement se manifester chez une personne qui dit : « Ici, ça fait vingt ans qu'on fonctionne de cette façon ! » Nous pouvons percevoir la difficulté à lâcher prise devant l'argument : « On a toujours fait ainsi. » Se limiter à un tel commentaire peut bloquer toute possibilité de transformer certaines pratiques et d'innover pour devenir encore plus fidèles à la mission du Christ. Une personne seule ne peut pas imposer un changement : cela est voué à l'échec. On peut comprendre que, seul, ça va plus vite, mais qu'ensemble, ça va plus loin !

D'où l'importance qu'ensemble nous puissions nous mettre sous le regard appelant du Christ, écouter sa Parole et discerner avec l'Esprit le chemin à prendre pour l'annonce de l'Évangile. Jésus lui-même n'a pas marché seul durant sa vie publique. Le récit de l'appel des quatre premiers disciples montre qu'il a voulu, dès le début de sa mission, s'associer d'autres personnes pour proclamer l'Évangile. Lorsque nous acceptons de ne pas nous approprier un comité, une activité ou une manière de faire en Église, il devient alors possible de « marcher ensemble ». Nous retrouvons ici tout le sens du mot « synode », qui vient du grec dont la préposition *syn* (avec) et le substantif *odos* (chemin) signifient « la voie que l'on prend avec les autres ». Les quatre premiers disciples ont renoncé aux habitudes de la vie de famille et aux filets de la pêche au point de quitter leur barque et de se mettre en route, ensemble, à la suite de Jésus. « Le chemin de la synodalité est le chemin que Dieu attend de l'Église du troisième millénaire[20] » : tel est le programme proposé par le pape François, lors de la commémoration du 50e anniversaire de l'institution du synode des évêques. Il y voit une dimension constitutive de l'Église.

Pour que l'Église devienne synodale, nous sommes toutes et tous appelés à laisser nos filets du critère pastoral « on a toujours fait ainsi », de même que nos attitudes et nos comportements qui retiennent notre créativité pour annoncer autrement l'Évangile. Concrètement, « dans l'Église synodale, la communauté tout entière, dans la libre et riche diversité de ses membres, est convoquée pour prier, écouter, analyser, dialoguer, discerner et conseiller afin de prendre des décisions

---

20. PAPE FRANÇOIS, « Discours à l'occasion de la commémoration du 50e anniversaire de l'institution du synode des évêques », *La Documentation catholique*, tome 113, n° 2521, 2016, p. 76.

pastorales plus conformes à la volonté de Dieu[21] ». Il s'agit de nous engager à marcher avec les autres sur le même chemin de Dieu. Cela nous demande comme disciples-missionnaires d'adopter le regard appelant de Jésus afin de nous mettre à l'écoute de l'Esprit Saint, de vivre l'accueil mutuel, de nous aimer avec tendresse et de respecter nos rythmes respectifs.

Le regard appelant de Jésus posé sur moi

1. Je lis attentivement le récit de l'appel des quatre disciples (*Mc* 1, 14-20). Quel mot ou quelle phrase me rejoint le plus ?

2. Comment est-ce que je me sens sous le regard appelant de Jésus Christ ?

3. Dans quelles circonstances m'arrive-t-il d'être « appel » auprès des autres, c'est-à-dire de leur donner le goût de Dieu ?

4. Quelle est la place que j'occupe dans la barque de l'Église ?

---

21. COMMISSION THÉOLOGIQUE INTERNATIONALE, « La synodalité dans la vie et la mission de l'Église », *La Documentation catholique*, tome 117, n° 2537, 2020, n° 68. « Dans un diocèse, par exemple, il est nécessaire de distinguer entre le processus en vue d'élaborer une décision au moyen d'un travail commun de discernement, consultation et coopération, et la prise de décision pastorale qui relève de l'autorité de l'évêque, garant de l'apostolicité et de la catholicité » (n° 69).

5. Quels sont mes filets ou mes attaches que je peux laisser pour suivre plus librement le Christ ?

6. Comme les quatre premiers disciples passent de la barque au chemin sur les pas de Jésus, le Seigneur m'appelle à le suivre en compagnie d'autres baptisés. Comment puis-je mettre en œuvre la synodalité dans mon agir missionnaire ? De quelle manière est-ce que je favorise le discernement communautaire avant de prendre une décision pour le bien de l'annonce de l'Évangile ?

Te suivre, Seigneur Jésus

Nous voulons te suivre,
Seigneur Jésus, partout où tu iras...
Mais toi-même,
qui appelas André et Pierre, Jacques et Jean,
donne-nous le courage
de quitter la barque de nos rêves
et les filets de nos habitudes
pour devenir pêcheurs d'hommes.
Nous voulons te suivre,
Seigneur Jésus, partout où tu iras...
Mais toi,
qui appelas Matthieu le publicain,
fais-nous la grâce de laisser les tables

où nous échangions l'argent contre la vanité
pour annoncer ta miséricorde aux pécheurs.

*Nous voulons te suivre,
Seigneur Jésus, partout où tu iras…*
Mais toi-même,
donne-nous la force de quitter les morts
et leurs enterrements
pour annoncer le Royaume qui vient.

*Nous voulons te suivre,
Seigneur Jésus, partout où tu iras…*
Mais toi-même,
donne-nous le courage
de mettre la main à la charrue jour après jour,
sans jamais regarder en arrière.

*Nous voulons te suivre,
Seigneur Jésus, partout où tu iras…*
Mais toi-même,
apprends-nous à prendre la croix chaque jour
et à sauver ainsi notre vie
en la donnant pour toi[22].

---

22. Lucien Deiss, « Te suivre Seigneur Jésus », *Signes d'aujourd'hui. La revue d'animation liturgique*, n° 110, 1993, p. 37.

Chapitre 2
Un regard confiant

Nos relations humaines reposent sur la confiance, c'est-à-dire sur la qualité de présence, le sentiment de sécurité permettant de se fier à quelqu'un et l'authenticité de la parole donnée. La confiance caractérise l'harmonie envers soi et les autres. Avoir confiance en soi, c'est s'affirmer dans ses capacités et ses possibilités. Trouver l'autre digne de confiance, c'est l'accueillir sans craindre d'être trahi. D'une certaine manière, nous lions notre présent et notre avenir aux autres, que ce soit dans le contexte d'une relation de travail, d'amitié ou d'amour.

Les apprentissages et les expériences qui conduisent à avoir confiance en soi et à développer la confiance en l'autre sont des chemins d'humanisation. Ils nous permettent de nous épanouir et de devenir pleinement nous-mêmes. Aussi, la confiance est-elle à proprement parler le signe de l'être humain équilibré et unifié.

Une confiance mise au défi

Dans le quotidien de nos vies, jusqu'où doit aller la confiance ? Le courage d'apprendre à faire confiance est une conquête appelée à être répétée chaque jour. Il invite à vivre le don inestimable de soi-même. C'est tout le sens de « se confier ». Il est intéressant de découvrir le sens étymologique du verbe « confier », du latin *confidere*. On y retrouve le préfixe *cum* « avec » et le suffixe *fidere* « fier » qui signifient que l'on se fie à quelqu'un et que l'on s'abandonne ainsi à sa bienveillance et à sa bonne foi. Voici un récit qui rappelle que la confiance est souvent mise à l'épreuve :

> Un funambule devient très célèbre. Tout le monde reconnaît sa stupéfiante habileté : personne ne se souvient de l'avoir vu vaciller ni tomber. Un jour, le cirque dans lequel il travaille connaît de sérieuses difficultés financières. Afin d'attirer plus de monde, le directeur propose au funambule de tendre le câble plus haut et d'allonger la distance du parcours. Les employés du cirque ont foi en leur funambule et sont sûrs d'obtenir un succès retentissant. Se tournant vers ses collègues de travail, le funambule leur demande : « Pensez-vous que je réussirai ? » Tous répondent : « Oui, nous sommes certains que

tu y parviendras. » La prestation du funambule s'avère, comme prévu, un grand succès.

Après une année de représentations réussies, le directeur propose au funambule d'accomplir un numéro encore plus exceptionnel afin d'accroître la renommée du cirque. Cette fois, il s'agit de tendre un câble d'acier entre les deux bords d'une cascade vertigineuse. Toute la population, ainsi que les journalistes et la télévision sont invités à cette exhibition sans précédent. Le funambule se lance sur le câble fin et effectue son parcours avec succès dans l'enthousiasme délirant de tous les spectateurs. Puis il lève la main et prend la parole : « Votre confiance en moi m'est très agréable », dit-il. « Normal », s'écrie, au nom de tous, un membre du cirque.

« Aujourd'hui, je veux vous proposer un exploit encore plus extraordinaire ! » s'exclame le funambule. « Magnifique ! Dis-nous de quoi il s'agit. Nous avons entière confiance en toi et acceptons tout ce que tu nous proposes ! » crie de plus belle la foule. Le funambule poursuit en ces termes : « Je propose donc de refaire sur ce fil un aller-retour en poussant une brouette. Et comme votre confiance en mon habileté est illimitée, je demande que l'un d'entre vous monte dans la brouette pour faire la traversée avec moi. »

Personne ne voulut monter[23]...

Cette histoire poussant à l'extrême la capacité de faire confiance nous invite tout de même à une certaine prise de conscience. La confiance qui se limite aux paroles et n'agit point, ne peut être comprise comme sincère. Si elle est bien fondée, elle devient visible dans l'attitude, le comportement et le regard.

La présence apaisante de Jésus aux disciples effrayés par la tempête

Dans l'évangile de *Marc*, on retrouve, au chapitre 6, versets 45-52, Jésus qui ne doute pas de lui-même. Ce récit montre que, chez lui, « la confiance est cette certitude que, comme le disait Malebranche parlant de l'esprit, il y a « toujours en soi du mouvement pour aller plus loin ». On est là devant une foi fondamentale. Une telle foi se répercute dans la

---

23. Bruno FERRERO, *Seul le vent le sait*, Strasbourg, Signe, 2000, p. 10-11.

confiance faite aux autres. Et donc dans l'appel qu'on leur porte à oser croire en eux-mêmes[24] ». Jésus fait appel au dynamisme qui est présent dans le cœur de toute personne : la confiance.

Bien que le récit de Jésus qui marche sur la mer pour aller à la rencontre de ses disciples soit présent dans l'évangile de *Matthieu* et celui de *Jean*[25], Marc est le seul qui fait allusion à la difficulté des Apôtres qui peinaient à ramer avec les vents contraires. La lecture de ce texte biblique laisse entrevoir le regard confiant de Jésus :

> [45] Aussitôt après [avoir nourri les cinq mille hommes], Jésus obligea ses disciples à monter dans la barque et à le précéder sur l'autre rive, vers Bethsaïde, pendant que lui-même renvoyait la foule.
>
> [46] Quand il les eut congédiés, il s'en alla sur la montagne pour prier.
>
> [47] Le soir venu, la barque était au milieu de la mer et lui, tout seul, à terre.

---

24. Yves BURDELOT, *Devenir humain. La proposition chrétienne aujourd'hui*, Paris, Cerf, 2007, p. 229.
25. Voir *Mt* 14, 22-33 et *Jn* 6, 15-21.

⁴⁸ Voyant qu'ils peinaient à ramer, car le vent leur était contraire, il vient à eux vers la fin de la nuit en marchant sur la mer, et il voulait les dépasser.

⁴⁹ En le voyant marcher sur la mer, les disciples pensèrent que c'était un fantôme et ils se mirent à pousser des cris.

⁵⁰ Tous, en effet, l'avaient vu et ils étaient bouleversés. Mais aussitôt Jésus parla avec eux et leur dit : « Confiance ! c'est moi ; n'ayez pas peur ! »

⁵¹ Il monta ensuite avec eux dans la barque et le vent tomba ; et en eux-mêmes ils étaient au comble de la stupeur,

⁵² car ils n'avaient rien compris au sujet des pains : leur cœur était endurci.

Ce récit de l'évangile de *Marc* met en lumière une perspective théologique importante : se faire confiance, parce que, dans la confiance reçue de Dieu, on découvre que l'on est aimé de lui. Son amour libère de la peur.

De la peur à la confiance

Le récit de Marc que nous venons de lire suit immédiatement le miracle de la multiplication des pains afin de nourrir une foule de cinq mille personnes. Aussitôt après avoir nourri les gens rassemblés, « Jésus obligea ses disciples à monter dans la barque et à le précéder sur l'autre rive, vers Bethsaïde, pendant que lui-même renvoyait la foule » (*Mc* 6, 45). Son comportement surprend... C'est que Jésus voit l'enthousiasme de la foule possiblement survoltée par le miracle. Elle a faim, elle n'a pas de quoi manger, puis la voilà rassasiée. Jésus ne cède pas à la popularité de son succès et ne veut pas se laisser prendre par les ovations. Comme le rapporte l'évangéliste Jean, « Jésus savait qu'ils allaient venir l'enlever pour faire de lui leur roi » (*Jn* 6, 15). Ce risque est toujours d'actualité : celui de la confusion entre le service et la gloire, entre le spirituel et le temporel. Il se peut que Jésus perçoive que ses disciples ne sont pas prêts à faire cette distinction. Ceux-ci sont facilement influencés par la foule. C'est pourquoi Jésus se charge de les éloigner. Il les contraint à monter dans la barque et à naviguer au-devant de lui. Les disciples prennent alors une distance pour interpréter l'événement dont ils sont les témoins. Il en va de même pour la foule rassasiée de pains et de poissons. Jésus la renvoie. Ces gens ont à réfléchir : Qui donc est Jésus pour eux ? Où veut-il les conduire ? Jésus, pour sa part, reste seul.

Encore aujourd'hui, la tentation peut être grande de succomber à la popularité ou au succès dans l'exercice de son travail, de sa participation à la mission de l'Église ou de la réalisation de son activité novatrice. Il est facile de se laisser prendre au piège des commentaires d'appréciation et de ne rechercher que cela. Comme baptisés, nous sommes invités au service de Dieu ainsi qu'à celui de nos frères et sœurs. Subtilement, certains d'entre nous peuvent en arriver à utiliser leur fonction, voire à utiliser Dieu, pour leur prestige. Il y a alors un détournement de la nature de la mission en tant que service. Comme pour les disciples et la foule, n'avons-nous pas à réfléchir nous aussi : À quoi le Seigneur nous appelle-t-il avec les talents qu'il nous a donnés ? Comment pouvons-nous les partager pour les mettre au service des autres et non simplement pour gonfler notre estime personnelle ?

À l'écart, dans la montagne, Jésus semble loin des disciples en danger sur la mer. L'évangéliste Marc rapporte : « Le soir venu, la barque était au milieu de la mer, et lui, tout seul, à terre » (*Mc* 6, 47). Oui, Jésus est seul à savoir qui il est et quelle est sa mission. Dans la nuit de sa solitude, il prend possiblement conscience qu'il n'est pas bien compris des siens. Sur la montagne, il se retrouve sur un point surélevé pour prier à l'écart. Ce lieu évoque dans la Bible la rencontre entre le ciel et la terre. C'est aussi pour Jésus un lieu d'intimité avec le Père. Et c'est depuis une certaine hauteur que les yeux de

Jésus se posent sur ses disciples dans leur barque au milieu de la mer. Alors que Matthieu s'intéresse à la « barque », symbole de l'Église qui affronte la nuit et la tempête, Marc est le seul évangéliste à rapporter que Jésus remarque la difficulté des rameurs : « Voyant que les disciples peinaient à ramer, car le vent leur était contraire […] » (*Mc* 6, 48). Ils essuient dans la nuit une tempête, qui les menace par des vents contraires. Conscients du risque d'un naufrage, les disciples s'engagent dans des efforts épuisants pour ramer contre le vent.

Telle est souvent l'apparence de la vie de l'Église qui traverse au fil des siècles de nombreuses tempêtes. Il suffit de penser au cléricalisme présent chez des personnes en exercice de responsabilité en Église, aux agressions sexuelles commises par des membres du clergé, aux défis actuels des communautés chrétiennes appelées à poursuivre leur mission dans une société sécularisée, aux difficultés de faire Église lors d'une pandémie, à la fermeture des églises dans plusieurs diocèses d'Occident. Ces périodes de crise ou de tempête se présentent malgré tout comme une chance à saisir pour permettre à l'Église de vivre une conversion en profondeur.

L'expérience des disciples, malmenés dans leur barque par de fortes vagues et un vent violent, se joue entre la peur et la confiance. Tout d'abord, il y a bien sûr la peur du naufrage. Mais que dire aussi de la crainte des Apôtres à l'approche de

Jésus perçu comme un revenant : « [...] Jésus vient à eux vers la fin de la nuit en marchant sur la mer, et il voulait les dépasser. En le voyant marcher sur la mer, les disciples pensèrent que c'était un fantôme et ils se mirent à pousser des cris » (*Mc* 6, 48-49). C'est qu'ils appartiennent à un peuple qui a ses interprétations quant aux forces de la nature. La mer représente pour eux un lieu de dangers de toutes sortes. Ils ont appris que la mer est l'œuvre de Dieu et que lui, seul, la domine. Dans l'Ancien Testament, faire passer la mer aux Hébreux pour les conduire en Terre promise ne peut être que du ressort de Dieu. Il en va de même dans l'histoire de Jonas, où le fait d'apaiser la fureur des flots ou de les déchaîner relève de l'action de Dieu. Dans la cosmologie juive, les eaux de la mer sont perçues comme le lieu du mal, des monstres marins, de tout ce qui tient l'humanité captive. Ainsi, la masse de la mer est terrifiante. C'est un peu comme aller à la pêche sur le lac Pohénégamook, situé au Témiscouata dans le diocèse de Sainte-Anne-de-la-Pocatière, au Québec. Ponik, le monstre du lac, nourrit et enrichit l'imaginaire. On rapporte que, depuis les premières apparitions de la bête du lac, vers 1874, certains habitants de l'époque s'abstenaient de naviguer par crainte de croiser l'étrange créature marine. Aujourd'hui, lorsqu'on mentionne la ville de Pohénégamook, des Québécois disent avec un brin d'humour et de scepticisme : « Ah oui, c'est le lac où l'on trouve le monstre ! »

Cela dit, nous comprenons la stupeur des disciples lorsque la tempête s'abat sur la mer durant leur navigation. Leur torpeur est d'autant plus grande en voyant Jésus marcher sur la mer et venir vers eux. Ils reconnaissent leur maître. Ils sont effrayés en s'apercevant qu'il marche sur les flots. Ils sont piégés entre la confiance et la peur. Pourtant le récit de Marc veut nous faire comprendre la puissance divine de Jésus sur le mal.

Jésus « vient ». Ce verbe est typique des récits des apparitions du Ressuscité[26]. Comme à Pâques, les disciples sont bouleversés et ils croient voir un fantôme[27]. Il nous arrive de ressentir la peur sur le chemin de nos vies :

> Comme les disciples, c'est la peur et l'inquiétude qui dominent chez de nombreuses personnes : peur de l'avenir, peur des changements, même s'ils ont des chances de nous apporter un supplément de vie intéressant. Peur de se mettre en route vers un horizon inconnu […] Peur car des certitudes anciennes, estimées éternelles simplement parce qu'on y était habitué, s'écroulent sous nos yeux. Peur des changements dans la vie de travail, dans la mise en couple des jeunes,

---

26. Voir *Jn* 20,19.
27. Voir *Lc* 24,37-38.

> dans les valeurs de la famille et de la sexualité... Pour beaucoup, c'est la tempête, sans horizon visible rassurant. Et grande est la tentation de certains dans l'Église de se retourner vers le passé idéalisé pour le restaurer [...][28].

Le récit de l'histoire de Jésus qui marche sur la mer et va vers ses disciples apeurés nous rejoint encore aujourd'hui. Souvent, la peur paralyse notre capacité de nous adapter et d'avancer en toute confiance. Elle se manifeste quand vient, par exemple, la tempête des souffrances physiques, de la séparation amoureuse, du deuil, de la perte d'autonomie au soir de sa vie. Le réflexe est fort de vouloir s'arrêter ou de s'accrocher à ce qui est connu et hérité du passé. Au cœur de nos tempêtes, nous pouvons apprendre beaucoup en nous mettant à l'école des premiers disciples. Nous découvrons que le Ressuscité vient encore à nous aujourd'hui. Il ne nous abandonne pas. Il monte dans la barque de nos vies pour nous soutenir durant notre navigation périlleuse. L'évangéliste Marc signale que Jésus vient vers les disciples en marchant sur la mer et « il voulait les dépasser » (*Mc* 6, 48). N'est-ce pas ce que nous retrouvons aussi dans le récit du Ressuscité en compagnie des disciples d'Emmaüs : « Quand ils approchèrent du village où

---

28. Jean Feschet, *Méditations bibliques. Lecture de l'Évangile pour aujourd'hui*, Villeurbanne, Golias, 2011, p. 149.

ils se rendaient, Jésus fit semblant d'aller plus loin » (*Lc* 24, 28). En Jésus, Dieu nous surprend. Sans cesse, il nous dépasse ! N'avons-nous pas à découvrir ce que Dieu nous dit lorsqu'il nous dépasse ? La surprise est souvent le langage de Dieu.

Les yeux confiants de Jésus veulent pacifier ses amis au cœur de leurs cris et de leur détresse. Il les voit et leur dit : « Confiance ! c'est moi ; n'ayez pas peur ! » (*Mc* 6, 50). Dans l'expression « c'est moi », nous reconnaissons littéralement « Je suis », le nom par lequel, dans l'Ancien Testament, Dieu s'est fait connaître à Moïse. Pris dans la tempête, les disciples font l'expérience de discerner la présence et l'action de Dieu. C'est aussi Jésus qui prend l'initiative d'entrer en relation avec ses amis pour les sécuriser. Ce qui illumine son regard, mais que les disciples ont peine à percevoir dans la nuit de leur péril, il le leur communique par une parole : « Confiance ! N'ayez pas peur ! » Ce sont les mots que Jésus murmure à ses disciples pour leur signifier qu'il est là ; qu'il ne les abandonne pas. « Il monta ensuite avec eux dans la barque et le vent tomba » (*Mc* 6, 51). Ici, nous observons le « vent calme » en réponse au « vent contraire ». Nous ne sommes pas sans penser au récit de la tempête apaisée. Jusqu'à la venue de Jésus, « les apôtres avaient peine à ramer, sans guère avancer que de quelques stades ; dès que Jésus est là, la barque touche au rivage (*Jn* 6, 21). Quand Jésus est présent, tout est doux et rien ne semble difficile ; mais quand Jésus se retire, tout fatigue[29] ». Encore stupéfaits, les disciples vont progressivement passer de la peur à la confiance. Jésus a posé sur eux son regard confiant afin de les libérer de leur cœur endurci. Il veut les ouvrir aux signes qu'il leur donne.

La confiance en l'Esprit Saint dans la mission

L'évangélisation se développe sous l'action de l'Esprit Saint qui anime de façon toujours nouvelle l'élan missionnaire à partir de la vie de prière où la contemplation tient la place centrale. Au dernier chapitre de son exhortation apostolique, *La joie de l'Évangile,* le pape François aborde dans la section qui traite de l'action mystérieuse du Ressuscité et de son Esprit les motivations pour une impulsion missionnaire renouvelée :

> Pour maintenir vive l'ardeur missionnaire, il faut une confiance ferme en l'Esprit Saint, car c'est lui qui « vient au secours de notre faiblesse » (*Rm* 8, 26). Mais cette confiance généreuse doit s'alimenter et c'est pourquoi nous devons sans cesse l'invoquer. Il peut guérir tout ce qui nous affaiblit dans notre engagement missionnaire.

---

29. Collectif, *op. cit.*, p. 396.

> Il est vrai que cette confiance en l'invisible peut nous donner le vertige : c'est comme se plonger dans une mer où nous ne savons pas ce que nous allons rencontrer. Moi-même j'en ai fait l'expérience plusieurs fois. Toutefois, il n'y a pas de plus grande liberté que de se laisser guider par l'Esprit, en renonçant à vouloir calculer et contrôler tout, et de permettre à l'Esprit de nous éclairer, de nous guider, de nous orienter, et de nous conduire là où il veut. Il sait bien ce dont nous avons besoin à chaque époque et à chaque instant. On appelle cela être mystérieusement féconds[30] !

L'Esprit, dans l'Église, suscite des missionnaires courageux et passionnés de l'Évangile, il signale les lieux à être évangélisés et montre le chemin à prendre. Paul l'affirme de cette manière : « Vous êtes une lettre du Christ, rédigée par notre ministère et écrite non avec de l'encre, mais avec l'Esprit du Dieu vivant » (2 Co 3, 3). Le Souffle de Dieu guide et fortifie l'Église dans l'annonce de la Parole, la célébration de la foi et le service de la charité.

---

30. Pape François, *op. cit.*, n° 180.

Mais il y a plus encore. L'Esprit Saint nous devance dans notre action évangélisatrice. C'est pourquoi la mission, ce n'est pas d'abord la nôtre, mais celle de Dieu. N'avons-nous pas à vivre une conversion pour prendre conscience que l'Esprit Saint nous surprend, qu'il nous précède dans le cœur des personnes que nous allons rencontrer ? Alors que nous pensons témoigner du message du Christ à l'autre, nous faisons l'expérience de découvrir que l'Esprit Saint agit avant nous pour éveiller l'autre à la présence de l'Évangile en lui. Oui, l'Esprit Saint souffle où il veut et à sa manière qui n'est pas toujours la nôtre. Il s'agit bien d'une leçon difficile à apprendre, mais merveilleuse tout à la fois. Cela souligne toute l'importance de faire confiance au Souffle de Dieu et de se mettre à son écoute pour discerner les chemins à prendre dans la mission.

Lorsque nous acceptons de faire confiance à l'Esprit Saint, il transforme nos faiblesses en forces. Combien de fois nous sentons-nous dépourvus d'initiatives et pauvres de mots dans telle ou telle situation. Notre seul recours est alors de demander à l'Esprit Saint de nous guider, de nous éclairer et de nous inspirer de ses conseils. Nous ne pouvons être déçus lorsque nous demandons son aide, car il agit fidèlement dans nos cœurs.

Le regard confiant de Jésus posé sur moi

1. Quel passage m'interpelle le plus dans le texte biblique que nous venons de lire (*Mc* 6, 45-52) ?

2. Dans la Bible, la mer symbolise souvent les puissances du mal. Quelles sont les faiblesses qui risquent de me faire sombrer dans le mal ?

3. Qui sont ceux et celles avec qui je partage la navigation dans la barque de l'Église ? Qu'est-ce que j'apprends d'eux quant à leur manière de passer sur une autre rive ?

4. Il m'arrive de proclamer l'Évangile avec d'autres dans une Église en sortie. Quels sont les vents contraires que je ressens comme disciple-missionnaire ?

5. Jésus va à la rencontre de ses disciples qui peinaient à ramer. En marchant sur la mer, il se révèle comme celui qui l'emporte sur les forces du mal. Je pense à une situation conflictuelle que j'ai vécue ou dont j'ai été témoin. Comment le Christ a-t-il manifesté sa présence pour se faire proche de moi et m'aider à sortir de cette impasse « disharmonieuse » ?

6. Les disciples ont peur en voyant marcher Jésus sur la mer ; ils pensent que c'est un fantôme et poussent des cris. Quelles sont les peurs qui m'empêchent d'annoncer

l'Évangile auprès des personnes qui connaissent peu Jésus Christ ou qui ne l'ont pas rencontré ?

7. Avec son regard posé sur ses disciples, Jésus leur dit : « Confiance ! C'est moi ; n'ayez pas peur ! » Comment est-ce que je réagis en faisant miens ces propos du Christ ?

8. Grâce à Jésus, le vent tombe, les flots se taisent. De quelle manière est-ce que j'invite à la paix et à la confiance dans les moments de changements en Église ? Ma conversion missionnaire se vit-elle comme une violente tempête ou une heureuse navigation ?

Dans ta barque, Seigneur !

Tes disciples montent dans une barque, Seigneur,
et ils peinent à ramer, car le vent est contraire.
Ce n'est pas toi qui montes dans notre barque…
C'est nous qui montons dans la tienne…
Et dans quelle aventure tu nous embarques !
La vois-tu, ta barque…
ballottée comme une coquille
au gré du vent et des vagues déchaînées ?
C'est simplement hallucinant !
Nous avons beau être des marins habiles…
notre expérience, notre compétence

deviennent dérisoires devant l'ampleur du phénomène...
Rien à faire !

Notre dernier recours, un cri.
Mais toi, tu ne t'énerves pas :
« Confiance ! c'est moi ; n'ayez pas peur ! »
Tu nous le redis clairement, Seigneur :
te suivre, c'est une affaire de foi...
Et plus la situation est désespérée,
plus il en faut !
Et quand on se jette en toi,
quand on te fait confiance,
la panique déséquilibrante s'en va...
on n'a plus peur...
la tempête se calme...

En passant « sur l'autre rive »...
j'ai de quoi méditer longtemps.
Tout est là... c'est la vie :
la tempête, ta marche sur les eaux,
le cri de tes amis, ton appel à la confiance.
Embarque-nous, Seigneur,
dans ton aventure imprévisible et fascinante[31] !

---

31. Laurette LEPAGE-BOULET, *Au secret de sa tente*, Sillery, Anne Sigier, 2000, p. 140-141.

Chapitre 3
Un regard aimant

L'amour dit « de bienveillance » ne s'attache pas au désir de posséder l'autre, mais il recherche plutôt son bien. Dans le dictionnaire de morale catholique, Jean-Louis Bruguès, dominicain français et archevêque émérite d'Angers, en fournit une description intéressante à partir d'un philosophe grec de l'Antiquité : « Selon Aristote [l'amour de bienveillance] désigne la contribution apportée au bonheur. Il est soucieux de la dignité d'autrui ; il respecte son altérité. Autrui est aimé pour lui-même[32]. » Nous pouvons comprendre qu'un tel amour nous conduise à être capables de vivre le don de nous-mêmes et de nous ouvrir à l'autre.

---

32. Jean-Louis Bruguès, *Dictionnaire de morale catholique*, Chambray, C.L.D., 1991, p. 34.

D'une certaine manière, cet amour bienveillant désire ardemment que l'autre soit heureux. Il se consolide dans l'authenticité et le dialogue vécu dans un cœur à cœur avec lui. En puisant dans nos souvenirs, nous pouvons identifier des expériences d'un tel amour qui laissent encore des traces dans notre être et contribuent à ce que nous sommes devenus aujourd'hui. Il peut s'agir de l'amour bienveillant de nos parents, de nos professeurs, de notre conjointe ou conjoint, de nos enfants, de nos amis, etc.

Dans mon cœur

Un souvenir me revient de mes années d'enfance : j'ai quatre ans et demi et je quitte la maison avec mes parents pour aller chercher mon nouveau petit frère. Au cours des derniers jours, mon père et ma mère m'ont préparé à cet événement. Ils m'ont expliqué que notre famille – toute petite puisque je suis fils unique – adoptera un enfant. Le moment est venu d'accomplir une tâche assez difficile : choisir parmi plusieurs bébés celui qui deviendra mon frérot.

Si je ne me souviens guère de mes années d'enfance, je n'ai rien oublié de notre arrivée à la crèche. C'est l'hiver. Malgré le froid, mes parents sourient. C'est le grand jour. Je suis impatient de rencontrer pour la première fois mon petit frère.

Des bruits de pas. On nous a entendus frapper et on s'apprête à nous ouvrir. Alors que la porte s'entrebâille, je me retourne pour regarder mes parents. Mon père me fait un clin d'œil. Une dame nous accueille gentiment et nous conduit au grand dortoir où se trouvent des enfants de trois ans et moins. La dame nous laisse en compagnie de plusieurs orphelins. J'entends des gazouillements qui prennent de l'ampleur à la suite de notre arrivée. Mes parents jettent un coup d'œil furtif vers les bambins. Tout à coup, ma mère arrête son regard sur un petit visage aux yeux bleus, comme si elle s'était vue dans un miroir. Une pensée lui vient : *Ai-je découvert en lui le vrai trésor que je cherche de tout mon cœur ?*

L'enfant nous regarde, debout dans son petit lit, les mains agrippées aux barreaux. Sa mince chevelure blonde s'étale sur sa tête. Il tend à ma mère les deux mains. Celle-ci le prend dans ses bras tout contre elle. Puis, elle échange quelques mots d'émerveillement avec mon père. Je comprends alors que ce tout-petit devient mon frérot.

De retour à la maison, mes parents lui donnent le prénom « René », comme pour signifier que ce petit enfant vient de « re-naître » dans une nouvelle famille. J'ai dorénavant un frère plus jeune que moi. Déjà, je l'aime beaucoup.

René grandit et arrive à l'âge des « pourquoi ». Un jour, il demande à maman : « Pourquoi je n'ai pas été dans ton ventre lorsque j'étais petit bébé ? » Et maman, posant sur lui un regard aimant, dit : « C'est que toi, je t'ai rêvé, porté dans mon cœur et choisi. » Un grand sourire satisfait s'esquisse alors sur le visage de René. Celui-ci sait maintenant qu'il est aimé d'un grand amour.

Aujourd'hui, mon frère René vit heureux avec Josée, son épouse. Ils ont deux filles charmantes : Mariane et Clara. Je sais qu'ils les aiment tendrement toutes les deux. C'est qu'ils les portent dans leur cœur !

Cette expérience de mon histoire familiale me permet de rendre grâce au Seigneur pour mes parents. Par leur regard aimant et leur accueil bienveillant, j'ai compris le passage où Jésus dit à ses amis : « Il n'y a pas de plus grand amour que de donner sa vie pour ceux qu'on aime » (*Jn* 15, 13). Aujourd'hui, cet amour reçu en héritage me relance à mieux accueillir les autres comme des frères et des sœurs dans le Christ. Peu importe nos origines, nous sommes membres de la même famille humaine que Dieu aime. En pensant à notre propre chemin de vie, nous pouvons nous demander : Quelles sont les personnes dont le regard aimant a contribué à mon harmonie de vie ? Comment est-ce que je m'exerce, à mon tour, à refléter un tel regard ?

L'homme riche

Dans son évangile, Marc rapporte à quelques reprises que l'amour du prochain et l'amour de Dieu sont au cœur du message de Jésus. L'Homme de Galilée ne fait pas qu'en parler. En effet, ses gestes, ses attitudes et ses comportements en témoignent publiquement. Et c'est pourquoi les auteurs du Nouveau Testament font allusion à un amour de « charité ». Il ne s'agit pas d'un amour qui vient entraver la liberté humaine. Bien au contraire, la charité à l'image de Dieu révèle une bonté qui pénètre les êtres humains tout en respectant leur autonomie.

L'évangéliste Marc, au chapitre 10, versets 17-30, aborde concrètement cet amour bienveillant en décrivant la rencontre entre l'homme fortuné et Jésus. Ce texte se retrouve aussi chez Matthieu et Luc. Mais seul Marc fait allusion au regard aimant que Jésus pose sur cet homme :

> [17] Jésus se mettait en route quand un homme accourut et, tombant à ses genoux, lui demanda : « Bon Maître, que dois-je faire pour avoir la vie éternelle en héritage ? »
>
> [18] Jésus lui dit : « Pourquoi dire que je suis bon ? Personne n'est bon, sinon Dieu seul.

[19] Tu connais les commandements : Ne commets pas de meurtre, ne commets pas d'adultère, ne commets pas de vol, ne porte pas de faux témoignage, ne fais de tort à personne, honore ton père et ta mère. »

[20] L'homme répondit : « Maître, tout cela, je l'ai observé depuis ma jeunesse. »

[21] Jésus posa son regard sur lui, et il l'aima. Il lui dit : « Une seule chose te manque : va, vends ce que tu as et donne-le aux pauvres ; alors tu auras un trésor au ciel. Puis viens, suis-moi. »

[22] Mais lui, à ces mots, devint sombre et s'en alla tout triste, car il avait de grands biens.

[23] Alors Jésus regarda autour de lui et dit à ses disciples : « Comme il sera difficile à ceux qui possèdent des richesses d'entrer dans le royaume de Dieu ! »

[24] Les disciples étaient stupéfaits de ces paroles. Jésus reprenant la parole leur dit : « Mes enfants, comme il est difficile d'entrer dans le royaume de Dieu !

²⁵ Il est plus facile à un chameau de passer par le trou d'une aiguille qu'à un riche d'entrer dans le royaume de Dieu. »

²⁶ De plus en plus déconcertés, les disciples se demandaient entre eux : « Mais alors, qui peut être sauvé ? »

²⁷ Jésus les regarde et dit : « Pour les hommes, c'est impossible, mais pas pour Dieu ; car tout est possible à Dieu. »

²⁸ Pierre se mit à dire à Jésus : « Voici que nous avons tout quitté pour te suivre. »

²⁹ Jésus déclara : « Amen, je vous le dis : nul n'aura quitté, à cause de moi et de l'Évangile, une maison, des frères, des sœurs, une mère, un père, des enfants ou une terre

³⁰ sans qu'il reçoive, en ce temps déjà, le centuple : maisons, frères, sœurs, mères, enfants et terres, avec des persécutions, et, dans le monde à venir, la vie éternelle. »

Dans ce récit, Jésus appelle une personne à le suivre tout en respectant la liberté de sa réponse. Cette scène montre bien que ce ne sont pas tous les individus qui ont accepté de marcher à la suite du maître. À l'appel de Jésus, « Suis-moi », nous sommes témoins de la fin de sa rencontre avec l'homme riche : « Mais lui, à ces mots, devint sombre et s'en alla tout triste, car il avait de grands biens » (*Mc* 10, 22). Chose certaine, les yeux de Jésus ne jugent pas l'homme ni ne le condamnent. Ils ne se détournent pas de ce fortuné qui n'arrive pas à se dépouiller pour devenir un disciple.

Le détachement de ses richesses pour suivre Jésus

Nous sommes familiers avec le récit du jeune homme riche. En fait, l'évangéliste Marc ne parle pas d'un jeune homme, mais tout simplement d'un homme. Le texte est à méditer de très près. On remarque alors qu'il se développe en trois parties : la rencontre de l'homme fortuné, le dialogue entre Jésus et ses disciples à propos du danger des richesses et son échange avec Pierre concernant l'exigence de tout quitter pour le suivre. L'ensemble du texte se centre sur la question de l'homme riche : « Que dois-je faire pour avoir la vie éternelle en héritage ? » (*Mc* 20, 17). De plus, chacune des trois scènes de cet évangile est rythmée par un regard de Jésus : le premier sur l'homme fortuné (*Mc* 10, 21) et les deux autres sur les disciples (*Mc* 10, 23 ; 27).

Le premier volet de ce passage d'évangile met en scène Jésus qui marche sur la route. Et voilà qu'intervient l'homme fortuné. Trois verbes le présentent : « […] un homme accourut et, tombant à ses genoux, lui demanda […] » (*Mc* 10, 17). Ces actions nous laissent entrevoir qui est cet homme. Certes, nous ne connaissons pas son nom ni sa provenance. Un peu plus loin, Marc montre que l'homme ne vit pas dans la rue ; il a des biens. C'est un notable. Il est fort probable qu'il se sent responsable de ce qu'il possède et qu'il ne veut pas le perdre. Il « accourt » vers Jésus qui n'est pas un étranger pour lui. Il s'empresse de venir vers lui parce qu'il a entendu parler de ce Galiléen célèbre qui circule de village en village pour annoncer la Bonne Nouvelle. La rapidité avec laquelle l'homme fortuné s'avance sur la route témoigne de son ardent désir de rencontrer Jésus pour lui poser une question. Autre détail : l'homme riche « se met à genoux » devant Jésus. Cette attitude respectueuse envers le maître manifeste que l'homme a une certaine éducation et fait preuve de politesse. Il connaît la Loi et les prophètes. Il a été initié comme tout bon juif à l'étude de la Torah. Il observe les commandements et il s'efforce de les respecter. Puis, il pose une question à Jésus : « Il lui demanda : que dois-je faire pour avoir la vie éternelle en héritage ? »

(*Mc* 10, 17). Il a le sentiment qu'il a des choses à faire pour parvenir à la vie éternelle. La question qu'il pose à Jésus, le pape Jean-Paul II l'a commentée au premier chapitre de sa lettre encyclique *La splendeur de la vérité* afin d'en préciser la visée : « [...] elle concerne, en effet, le bien moral à pratiquer et la vie éternelle. L'interlocuteur de Jésus pressent qu'il existe un lien entre le bien moral et le plein accomplissement de sa destinée personnelle[33] ». Il se demande s'il peut faire encore plus : « Se peut-il que Dieu attende de moi autre chose ? » Il est à la recherche d'une réponse et croit que Jésus peut le mettre sur la piste. Mais il s'étonne possiblement de la réponse de Jésus : « Pourquoi dire que je suis bon ? » (*Mc* 10, 18). Jésus lui reproche de l'appeler « bon maître ». Seulement Dieu est digne de ce titre. L'homme fortuné ne le prend probablement pas pour Dieu, mais il aime ce que l'on dit au sujet de Jésus. Ici encore, le commentaire du pape Jean-Paul II est éclairant : « Jésus manifeste que la demande du jeune homme est en réalité une demande religieuse, et que la bonté, qui attire et en même temps engage l'homme, a sa source en Dieu [...][34] ».

---

33. Pape Jean-Paul II, « Lettre encyclique *Veritatis Splendor* (*La splendeur de la vérité*) à tous les évêques de l'Église catholique sur quelques questions fondamentales de l'enseignement moral de l'Église », *La Documentation catholique*, tome 90, n° 2081, 1993, n° 8. « Il convient que l'homme d'aujourd'hui se tourne de nouveau vers le Christ pour recevoir de lui la réponse sur ce qui est bien et sur ce qui est mal » (n° 8).
34. *Ibid.*, n° 9.

Chose étonnante, la deuxième réponse de Jésus se présente comme une autre question : « Tu connais les commandements […] ? » (*Mc* 10, 19). L'homme riche, après avoir certifié qu'il les a observés depuis sa jeunesse, n'oubliera pas comment Jésus, alors, l'a regardé. Il découvre certainement une intensité particulière dans ce regard d'amour et de tendresse. Et il se laisse toucher par le regard exigeant de Jésus qui le met au défi de tout quitter pour devenir son disciple. Le maître considère qu'il s'agit d'un homme bien ; il l'aime déjà. Ce regard aimant, le pape François en a parlé, le 11 octobre 2015, au moment de l'angélus sur la place Saint-Pierre, à Rome :

> Jésus devine ce désir que le jeune homme porte dans son cœur ; c'est pourquoi sa réponse se traduit par un regard intense plein de tendresse et d'affection. L'Évangile dit ceci : « Jésus posa son regard sur lui, et il l'aima » (v. 21). Il s'est rendu compte que c'était un bon garçon… Mais Jésus comprend aussi quel est le point faible de son interlocuteur et il lui fait une proposition concrète : donner tous ses biens aux pauvres et le suivre. Mais ce jeune homme a le cœur partagé entre deux patrons : Dieu et l'argent, et il s'en va tout triste. Cela montre que la foi et l'attachement aux richesses ne peuvent pas coexister.

C'est ainsi que, finalement, l'élan initial du jeune homme se perd dans la vie sans bonheur d'une quête qui échoue[35].

Bien que l'homme fortuné ait du prix aux yeux de Jésus, le regard du maître ne l'emprisonne pas. En lui disant cette parole : « Une seule chose te manque, va, vends ce que tu as et donne-le aux pauvres ; alors tu auras un trésor au ciel. Puis viens, suis-moi » (*Mc* 10, 21), Jésus veut lui faire comprendre que, parce qu'il l'aime, il lui réclame tout. C'est aussi au nom de l'amour de Dieu qu'il lui demande de répondre à l'exigence de se dépouiller, et non seulement d'observer les commandements. Par l'expression de son regard aimant, Jésus respecte sa liberté au point qu'il ne le juge pas malgré son choix de refuser de le suivre.

Encore aujourd'hui, le Christ pose son regard d'amour sur nous. Et lorsque nous l'accueillons, nous découvrons, comme l'homme fortuné, l'exigence du dépouillement pour suivre Jésus. Dès lors, nous prenons conscience que nos possessions nous retiennent… Il peut s'agir de notre bien matériel, de notre attitude opportuniste, de notre repliement sur nous-mêmes qui portent atteinte à notre capacité de dire « oui »

---

35. Pape François, *Angélus*, place Saint-Pierre, 2015. [vatican.va/content/francesco/fr/angelus/2015/documents/papa-francesco_angelus_20151011.html] (Site Web visité le 20 juin 2020).

pour suivre le Christ. Nous avons le désir d'aller plus loin comme disciples-missionnaires, mais des attaches nous empêchent de nous libérer pour le faire. Lorsque Jésus pose son regard d'amour sur nous, quelles sont les hésitations, les peurs, les possessions qui nous freinent à le suivre selon les exigences de l'Évangile ?

La deuxième scène du récit évangélique fait allusion à un dialogue entre Jésus et ses disciples sur les possessions comme obstacles pour atteindre le règne de Dieu. Nous sommes témoins : les yeux de Jésus se détournent de l'homme fortuné pour se poser avec tendresse sur ses Apôtres : « Alors Jésus regarda autour de lui et dit à ses disciples : "Comme il sera difficile à ceux qui possèdent des richesses d'entrer dans le royaume de Dieu!" » (*Mc* 10, 23). C'est parce que Jésus aime ses disciples qu'il souhaite les éveiller au danger des possessions. Ceux-ci sont surpris par ses paroles. Les richesses ne sont-elles pas considérées comme positives dans les Écritures ? La prospérité matérielle est pourtant vue comme un signe de bénédiction divine. C'est le cas, par exemple, pour Abraham et Job. Ici, Jésus veut conduire ses disciples à saisir que les richesses sont bonnes lorsqu'elles sont assorties à la générosité et au partage. Au fond, il affirme que la prospérité matérielle n'est pas la plus grande valeur. Il y a même un danger : la richesse peut devenir un obstacle à la vie éternelle si elle détourne de l'amour au point de refuser de faire l'aumône à la personne dans le besoin. Le trésor le plus grand, le disciple peut l'avoir en suivant Jésus. Et sa richesse s'accroît avec Jésus, car le trésor, c'est lui.

Dans les moments où il nous est difficile de tout abandonner pour suivre le Christ – il s'agit surtout de ce qui nous attache et nous empêche d'être libres intérieurement –, il importe de se rappeler le regard aimant de Jésus qui nous encourage avec patience : « Pour les hommes, c'est impossible, mais pas pour Dieu ; car tout est possible à Dieu » (*Mc* 10, 27). C'est le commencement de la troisième scène de ce récit biblique. On y retrouve la déclaration solennelle de Jésus à Pierre : « Amen, je vous le dis : nul n'aura quitté, à cause de moi et de l'Évangile, une maison, des frères, des sœurs, une mère, un père, des enfants ou une terre sans qu'il reçoive, en ce temps déjà, le centuple [...] » (*Mc* 10, 29-30). Les disciples découvrent que suivre Jésus, c'est se dépouiller particulièrement de l'esclavage de ses possessions et de ses soucis du quotidien. De nos jours, n'avons-nous pas à faire la même expérience qu'eux ? S'y exercer nous permet de nous libérer de certains attachements qui nous conduisent à ne penser qu'à nous-mêmes. Nous avons connu des hommes et des femmes qui ont tout quitté pour suivre le Christ. D'autres ont rebroussé chemin. Ils n'ont pas osé le faire. Et quand cela nous est demandé à nous, aujourd'hui, que répondons-nous ?

L'homme fortuné ne se sent pas la force ni le courage d'accomplir ce que Jésus lui demande. Sûrement qu'après sa rencontre avec Jésus, cette question continuera de lui trotter dans la tête : « Que dois-je faire pour avoir la vie éternelle ? » Alors que Jésus lui propose le chemin de l'entrée au Royaume pour « être », son attachement à ses biens matériels marque son langage au point qu'il demande, sans s'en rendre compte, ce qu'il faut faire pour « avoir ». Il s'agit de se mettre au service des autres dans le don de soi et d'être avec Dieu dans l'amour. L'homme riche n'a pu se laisser transformer par le regard aimant de Jésus. D'après le pape François, il y a ici une leçon que nous pouvons tirer :

> Le jeune homme ne s'est pas laissé conquérir par le regard d'amour de Jésus et c'est pour cela qu'il n'a pas pu changer. Ce n'est qu'en accueillant avec une humble gratitude l'amour du Seigneur que nous nous libérons de la séduction des idoles et de l'aveuglement de nos illusions. L'argent, le plaisir, le succès éblouissent, mais ensuite ils déçoivent ; ils promettent la vie, mais ils procurent la mort. Le Seigneur nous

demande de nous détacher de ces fausses richesses pour entrer dans la vraie vie, une vie pleine, authentique, lumineuse[36].

La possibilité de répondre à l'appel de Jésus pour le suivre suppose une fameuse libération. Il s'agit de l'invitation à utiliser nos biens matériels avec une liberté intérieure, c'est-à-dire sans y attacher notre cœur. Alors, il devient possible de nous libérer de tout ce qui nous empêche, à notre tour, d'avoir un regard aimant et de servir les autres dans le partage et la générosité. Rien ne dépouille plus que de vouloir être libre pour mieux aimer les autres et Dieu.

La rencontre avec l'amour de Dieu en Jésus Christ : un élan pour la mission

Les sacrements du baptême et de la confirmation construisent notre être chrétien. Par le baptême, nous sommes appelés par notre nom à devenir des disciples du Christ. Puis, par la confirmation, Dieu nous envoie en son nom pour témoigner de son Évangile dans le monde. Nous pouvons alors faire le rapprochement entre « baptême-confirmation » et

---

36. *Ibid.*

« disciple-missionnaire[37] ». Ainsi par la réception de ces deux sacrements, « chaque membre du Peuple de Dieu est devenu disciple-missionnaire (voir *Mt* 28, 19). Chaque baptisé, quelle que soit sa fonction dans l'Église et le niveau d'instruction de sa foi, est un sujet actif de l'évangélisation […][38] ». Mais les sacrements n'opèrent pas de résultats magiques sur le devenir du disciple-missionnaire. D'où l'importance d'une rencontre personnelle avec le Ressuscité qui favorise l'éveil missionnaire chez le baptisé-confirmé. Une telle rencontre permet à la personne de prendre conscience que suivre le Christ, c'est témoigner de son amour en allant vers les personnes qui le connaissent peu, comme vers celles qui ne l'ont pas encore rencontré. Dans son exhortation apostolique, *La joie de l'Évangile*, le pape François en fait sa conviction :

> Tout chrétien est missionnaire dans la mesure où il a rencontré l'amour de Dieu en Jésus Christ ; nous ne disons plus que nous sommes « disciples » et « missionnaires », mais toujours que nous sommes « disciples-missionnaires ». Si nous n'en sommes pas convaincus, regardons

---

37. Voir Paul-André Durocher, *Appelé par mon nom, envoyé en son Nom. Causeries sur l'Église en sortie*, Montréal, Novalis, 2019, 207 p.
38. Pape François, *op. cit.*, n° 120.

les premiers disciples qui, immédiatement après avoir reconnu le regard de Jésus, allèrent proclamer pleins de joie : « Nous avons trouvé le Messie » (*Jn* 1, 41)[39].

Dans notre désir d'accompagner des communautés à vivre une conversion missionnaire, c'est-à-dire à organiser avec audace des initiatives d'Église en sortie pour aller vers les autres et leur témoigner de l'amour de Dieu, il importe de ne pas perdre de vue la rencontre préalable avec le Seigneur qui donne un élan pour vivre la mission. Cette relation d'amitié avec le Christ est appelée à se nourrir régulièrement de la prière, de la méditation de la parole de Dieu, du partage de foi avec d'autres. Comme disciples-missionnaires aujourd'hui, que faisons-nous pour développer notre relation au Christ vivant ? Est-ce que nous reconnaissons les traces de sa présence sur le chemin de nos vies ? Lorsque c'est le cas, il nous devient possible d'adopter le regard aimant du Christ et de voir les autres autrement. « Comme je voudrais trouver les paroles, dit

---

39. *Ibid.* « C'est seulement grâce à cette rencontre – ou nouvelle rencontre – avec l'amour de Dieu, qui se convertit en heureuse amitié, que nous sommes délivrés de notre conscience isolée et de l'auto-référence. Nous parvenons à être pleinement humains quand nous sommes plus qu'humains, quand nous permettons à Dieu de nous conduire au-delà de nous-mêmes pour que nous parvenions à notre être le plus vrai. Là se trouve la source de l'action évangélisatrice. Parce que si quelqu'un a accueilli cet amour qui lui redonne le sens de la vie, comment peut-il retenir le désir de le communiquer aux autres ? »(n° 8).

le pape François, pour encourager une période évangélisatrice plus fervente, joyeuse, généreuse, audacieuse, pleine d'amour profond, et de vie contagieuse[40]. » Pour le Saint-Père, la joie de l'annonce de l'Évangile nous convie préalablement à des gestes de charité.

Le regard aimant de Jésus posé sur moi

1. Qu'est-ce qui monte en moi après la lecture du récit de la rencontre de l'homme riche avec Jésus (*Mc* 10, 17-30) ?

2. Dans son entretien avec l'homme fortuné, Jésus pose sur lui son regard aimant. Je prends un temps pour contempler le Christ dont les yeux sont animés d'amour pour moi. À quel dépassement son regard aimant m'appelle-t-il à cette étape-ci de ma vie ?

3. Quelles sont mes richesses (biens matériels, charismes, réalisations personnelles) pour lesquelles je peux rendre grâce au Seigneur ? Quel est mon rapport avec elles ? S'agit-il d'un lien de possession ou de détachement ? Pourquoi ?

4. Un jour, j'ai choisi de suivre le Christ dans un engagement, un choix de vie, une vocation. Je m'accorde un moment pour me situer de nouveau vis-à-vis de l'appel

---

40. *Ibid.*, n° 261.

initial du Seigneur dans ma vie. Quelles étaient mes motivations pour dire « oui » ? Et, aujourd'hui, lorsqu'il me dit « Viens, suis-moi ! », quelle est ma réponse et comment s'exprime-t-elle dans mon quotidien ?

5. Je réfléchis à un événement que j'ai vécu dernièrement où le regard aimant d'une personne en était un de bienveillance. Comment ce regard me relance-t-il à voir autrement les autres ?

Tu m'aimes tel que je suis

Seigneur, réconcilie-moi avec moi-même.
Comment pourrai-je rencontrer et aimer les autres
si je ne me rencontre et ne m'aime plus ?

Seigneur, toi qui m'aimes tel que je suis
et non tel que je me rêve,
aide-moi à accepter ma condition de personne,
limitée mais appelée à se dépasser.

Apprends-moi à vivre
avec mes ombres et mes lumières,
mes douceurs et mes colères,
mes rires et mes larmes,
mon passé et mon présent.

Donne-moi de m'accueillir comme tu m'accueilles,
de m'aimer comme tu m'aimes.
Délivre-moi de la perfection que je veux me donner,
ouvre-moi à la sainteté que tu veux m'accorder.

Accorde-moi le renoncement que tu demandais au jeune homme riche,
rencontrant l'amour de ton regard plein
de tendresse et de pitié.
Et si je dois pleurer,
que ce ne soit pas sur moi-même
mais sur ton amour offensé.
Donne-moi le courage de sortir de moi-même.
Dis-moi que tout est possible à celui qui croit.
Dis-moi que je peux encore guérir,
dans la lumière de ton regard et de ta parole[41].

---

41. Stan Rougier, *Prières glanées*, Namur, Fidélité, 2002, p. 66.

Deuxième partie
REGARDS DE JÉSUS DANS L'ÉVANGILE DE *MATTHIEU*

Prélude

Quand nous passons de l'évangile de *Marc* à celui de *Matthieu*, nous avons l'impression de changer d'ambiance, voire de paysage. C'est comme lorsque nous quittons les basses terres du fleuve Saint-Laurent pour monter dans les collines des Appalaches. Avec Marc, nous avons découvert Jésus en relation avec ses disciples. Chez Matthieu, nous le faisons tout en constatant une insistance plus grande sur le Jésus de l'histoire et le Ressuscité célébré par la communauté primitive. Plus que d'autres évangiles, celui de *Matthieu* est souvent qualifié comme « ecclésial », puisqu'il est le seul à utiliser le mot « Église[42] ». Il se montre soucieux de la communauté, de son organisation, des relations fraternelles et de la catéchèse qu'on y retrouve.

---

42. « Et moi, je te le déclare : Tu es Pierre, et sur cette pierre je bâtirai mon Église ; et la puissance de la Mort ne l'emportera pas sur elle » (*Mt* 16, 18); « S'il refuse de les écouter, dis-le à l'assemblée de l'Église ; s'il refuse encore d'écouter l'Église, considère-le comme un païen et un publicain » (*Mt* 18, 17).

Mais qui est Matthieu ? Une tradition du 2ᵉ siècle tente de répondre à cette question en présentant l'évangéliste comme le douanier de Capharnaüm devenu l'un des Douze. Mais cette idée fondée sur le témoignage de Papias et rapportée par Eusèbe – une tradition difficile à vérifier – ne repose pas sur une information historique solide. À cela, Daniel Marguerat ajoute qu'il « serait très surprenant qu'un témoin oculaire (en l'occurrence le disciple de Matthieu) utilise une source secondaire (l'évangile de *Marc*) pour rédiger son récit[43] ». La lecture des textes de Matthieu permet plutôt de constater qu'il s'agit d'un chrétien d'origine juive. Celui-ci connaît bien les Écritures et est initié à l'analyse des textes utilisés par les rabbins. D'ailleurs, il se réfère régulièrement aux écrits vétérotestamentaires par une formule habituelle : « Tout cela est arrivé pour que soit accomplie la parole du Seigneur prononcée par le prophète » (*Mt* 1, 22). Il a le souci de montrer comment Jésus vient accomplir la Loi. De plus, il parle fréquemment du « royaume des cieux » plutôt que de Dieu. Nous pouvons reconnaître sa façon juive de s'exprimer en ne prononçant pas le nom divin.

Matthieu rédige son évangile vers les années 80-90. Plusieurs voient en lui un enseignant. Celui-ci regroupe les paroles de Jésus en cinq grands discours : l'arrivée du royaume

---

43. Daniel MARGUERAT, *op. cit.*, p. 68.

de Dieu (*Mt* 5, 9) ; l'envoi des disciples en mission avec Jésus (*Mt* 10-12) ; le choix décisif face à la prédication (*Mt* 13, 1-16, 12) ; le passage du peuple juif à l'Église (*Mt* 18, 23) et l'inauguration du royaume de Dieu dans le mystère pascal (*Mt* 24, 28). De plus, Matthieu abrège souvent les récits des miracles en ne gardant que deux personnages : Jésus et la personne guérie. Au cœur de son évangile retentit l'appel à écouter et à mettre en pratique la Parole. C'est le cas avec l'explication de la parabole du semeur (*Mt* 13, 18-23).

La communauté chrétienne où Matthieu prêche vit en Syrie, possiblement à Antioche. Elle influence le témoignage de l'évangéliste en raison de trois caractéristiques. La première réside dans cette communauté qui se compose de personnes issues du judaïsme. Elle connaît la manière par laquelle les rabbins interprètent les Écritures. Une deuxième caractéristique se dessine par sa tendance à cultiver des relations conflictuelles avec le judaïsme officiel. Les chrétiens ont déjà été chassés de leurs synagogues par les pharisiens en raison de leur foi au Christ. C'est l'un des facteurs qui expliquent que le Jésus de Matthieu est très dur envers eux. Nous n'avons qu'à penser aux reproches qu'il leur fait au chapitre 23. La dernière caractéristique de la communauté de Matthieu est son ouverture aux païens : « En Syrie, et au contact des pagano-chrétiens, cette communauté, à l'origine judéo-chrétienne, est conduite à élargir ses perspectives théologiques : l'Évangile s'adresse à toutes les nations sans distinction et indépendamment d'une appartenance au peuple d'Israël[44]. » Ces juifs devenus chrétiens redécouvrent la volonté de Jésus d'envoyer ses disciples aux quatre coins du monde[45]. La communauté devient progressivement une Église plus missionnaire.

Par son témoignage de foi, Matthieu nous fait découvrir des titres particuliers que sa communauté donne à Jésus. Avec elle, il reconnaît en lui le « nouveau Moïse ». Jésus donne à la foule la loi nouvelle du Sermon sur la montagne[46]. Matthieu lui attribue aussi le titre de « Fils de Dieu », mis dans la bouche de Pierre lorsque Jésus l'interroge sur son identité[47]. L'évangéliste est le seul à appliquer formellement à Jésus les oracles du « Serviteur souffrant » d'Isaïe qui emporte nos maladies et nos péchés. Par exemple, nous observons le rapprochement entre *Isaïe* 42, 1 et *Matthieu* 12, 18.

---

44. *Ibid.*, p. 70. « [...] les mages sont les premiers à venir se prosterner devant Jésus enfant, alors qu'Hérode veut le faire mourir et que les scribes de Jérusalem ne s'y intéressent pas (*Mt* 2, 1-12); Jésus guérit le serviteur du centurion et souligne qu'il n'a jamais vu une foi aussi grande en Israël (*Mt* 8, 5-13); la fille de la femme Cananéenne est guérie après maintes résistances soulignant la difficulté pour Jésus et les disciples d'admettre cette ouverture aux païens (*Mt* 15, 21-28). » (p. 74)
45. Voir Étienne CHARPENTIER, *Pour lire le Nouveau Testament*, Paris, Cerf, 1982, p. 69.
46. Voir *Mt* 5-7.
47. Voir *Mt* 16, 16.

Enfin, Matthieu présente en Jésus le « Seigneur vivant de la communauté ». Cela conduit à comprendre le Jésus de Matthieu comme inséparable de sa réflexion sur l'Église.

Pour l'auteur de l'évangile, il y a un lien étroit entre Jésus et son regard singulier posé sur des personnes de toutes conditions et d'origines diverses. Ce regard unique de Jésus pénètre ses disciples au point que ceux-ci changent leur propre manière de voir les gens et leur situation de vie. Il s'agit d'un renversement de perspective qui s'opère progressivement et non sans difficulté dans la communauté matthéenne. Il va la guider vers un souci plus grand d'évangélisation du monde.

Chapitre 4

Un regard intérieur

Comment redonner un sens à notre vie ? De quelle manière découvrir nos aspirations personnelles ? Où chercher le véritable bonheur ? De quelle façon rencontrer le Christ vivant dans nos vies ? Comment discerner sa volonté sur nous ? Pour répondre à ces questions, nous avons inévitablement besoin de centrer notre existence sur un cheminement intérieur[48]. Celui-ci mène à intégrer la volonté, l'intelligence, les sentiments, la vie spirituelle, la foi aux autres et en Dieu. Il s'agit d'un approfondissement humain et spirituel qui permet d'effectuer un discernement afin d'arriver à un choix concrétisé par des actes.

---

48. Voir Jean-Louis Bruguès, *Dictionnaire de morale catholique*, Chambray, CLD, 1991, p. 19-23.

C'est d'abord dans ma famille que j'ai appris à vivre une croissance humaine et spirituelle qui a façonné mon être et qui lui a donné un sens. Avec mes parents, mes grands-parents et les autres membres de ma famille, je me suis éveillé à désirer le bien et le bonheur. Inspiré par leur témoignage de vie et de foi, j'ai appris à vivre des valeurs : l'amour, la justice, la paix, le respect, la solidarité, etc. C'est aussi mes proches qui m'ont éveillé à désirer Dieu. Selon l'expression ignatienne, ils m'ont appris dans le quotidien à « voir Dieu en toutes choses », à reconnaître les signes de sa présence et de son action là où la vie jaillit de bien des manières.

Mon grand-père, un coureur des bois

Courir les bois. Pierre Miljours, mon grand-père maternel, est l'un de ces pionniers du nord-ouest québécois qui l'ont fait. Arrivé à Saint-Joseph-de-Cléricy, en Abitibi, pendant la Deuxième Guerre mondiale, sa vie n'a pas toujours été facile. Pour subvenir aux besoins de sa famille, mon grand-père s'improvise cultivateur. Sa ferme : deux vaches, deux cochons, quelques poules et un coq. Est-ce suffisant ? Il ne le croit pas. Sans doute faut-il qu'il gagne sa vie autrement.

Les bois de l'Abitibi lui offrent la chance d'être chasseur de perdrix et d'orignaux pour nourrir les siens ; trappeur de castors pour confectionner des vêtements à l'épreuve des rigueurs de l'hiver ; jardinier pour cultiver de bons légumes frais ; cueilleur de fruits sauvages pour mettre de côté quelques réserves. À l'époque, rien ne se perd.

Mon esprit se laisse envahir de beaux souvenirs en compagnie de mon grand-père. J'ai douze ans ; il en a quatre-vingts. Partir ensemble pour une randonnée dans la forêt, quelle joie ! Un sentier bordé d'épinettes et de trembles nous conduit à un étang. Un long barrage construit par les castors en dessine le contour. Arrivé à la digue, mon grand-père s'assoit sur les rondins de bois et se met à fumer sa pipe. Il inhale la fumée, la fait tourner dans ses poumons, puis relâche des volutes épaisses. Il a l'impression de faire fuir les moustiques. Il se met à contempler le paysage offert par l'habitat de ces mammifères rongeurs. Il me dit tout à coup : « Écoute le silence… » Un peu surpris, je m'exerce à tendre l'oreille… Progressivement, une paix profonde m'envahit. Sans trop s'en rendre compte, mon grand-père me montre le sentier qui peut me conduire au fond de mon être. Je comprends que le calme de la nature devient pour lui le chemin qui l'ouvre sur l'intériorité. Il s'agit de cette présence de Dieu qui fait signe par un bien-être profond. Une paix. Une béatitude.

Aujourd'hui, mon grand-père n'est plus. Il a été coureur des bois jusqu'à son dernier souffle. C'est après une dernière visite à l'habitat des castors, à l'automne de ses quatre-vingt-deux ans, qu'il s'est endormi dans le Seigneur. Il nous a quittés en pleine nature.

Lorsque je pense à mon chemin de vie, je souhaite le poursuivre comme ce coureur des bois, comme toi, grand-papa! Tu m'as appris à m'émerveiller des beautés de la nature, à faire silence et à accueillir cette présence de paix au fond de mon être. Pour ce bout du sentier de ma vie parcouru avec toi et qui me révèle à Celui qui est plus intime à moi-même, merci!

Jésus s'est révélé comme un Galiléen qui a assumé pleinement son humanité et sa divinité, un être exceptionnel qui s'accordait des moments à l'écart pour prier son Père. C'est souvent au désert ou dans la nature près du lac de Tibériade qu'il nous est présenté en train de se recueillir dans le silence. Les évangélistes affirment qu'il allait aussi sur la montagne pour prier. Matthieu nous en donne plusieurs exemples dans ses récits. Cette idée de l'intériorité germe déjà dans le récit de la rencontre entre Jésus et le paralytique.

Le paralysé pardonné et guéri

Jésus est pleinement homme et Dieu. Progressivement, il prend conscience de sa mission qui l'appelle à témoigner de l'avènement du royaume de Dieu. Ses miracles en sont des signes. Dans l'évangile de *Matthieu*, au chapitre 9, versets 1-8, nous sommes témoins que les actes de Jésus entraînent une expression de son regard qui voit les cœurs et s'émerveille de la foi de ses interlocuteurs :

> [1] Jésus monta en barque, refit la traversée, et alla dans sa ville de Capharnaüm.
>
> [2] Et voici qu'on lui présenta un paralysé, couché sur une civière. Voyant leur foi, Jésus dit au paralysé : « Confiance, mon enfant, tes péchés sont pardonnés. »
>
> [3] Et voici que certains parmi les scribes se disaient : « Celui-là blasphème. »
>
> [4] Mais Jésus, connaissant leurs pensées, demanda : « Pourquoi avez-vous des pensées mauvaises ?
>
> [5] En effet, qu'est-ce qui est le plus facile ? Dire : "Tes péchés sont pardonnés", ou bien dire : "Lève-toi et marche" ?

⁶ Eh bien ! pour que vous sachiez que le Fils de l'homme a le pouvoir, sur la terre, de pardonner les péchés… – Jésus s'adressa alors au paralysé – lève-toi, prends ta civière, et rentre dans ta maison. »

⁷ Il se leva et rentra dans sa maison.

⁸ Voyant cela, les foules furent saisies de crainte, et rendirent gloire à Dieu qui a donné un tel pouvoir aux hommes.

C'est la première fois que Matthieu présente Jésus qui pardonne les péchés. Jusque-là, Jésus a agi pour guérir des malades, maîtriser des forces de la nature et libérer de l'emprise du mal. Comment le paralysé aurait-il pu savoir qu'il était pardonné sans les gestes extérieurs de Jésus : sa prise de parole et son acte puissant de guérison ? Tout cet épisode conduit Jésus à voir diverses réactions intérieures chez les témoins de son geste de guérison et de pardon.

Les cœurs révélés aux yeux de Jésus

Le chapitre 9 occupe une place particulière dans l'évangile de *Matthieu*. Avec les chapitres 8 et 10, il présente dix récits de miracles, signes caractéristiques du rôle du Messie et de la mission que celui-ci confie à ses disciples. Nous pouvons presque considérer les chapitres 8 à 10 comme un ouvrage de référence du disciple-missionnaire. Lorsque nous nous arrêtons au texte du chapitre 9, versets 1 à 8, nous y trouvons le récit d'une rencontre entre Jésus et le paralysé. Cet épisode est également présent chez Marc et Luc. Pour sa part, Matthieu est bref et révèle très peu de descriptions anecdotiques comparativement aux deux autres évangélistes. Il attire plutôt notre attention sur certains enseignements de Jésus. Celui-ci monte dans une barque pour quitter le rivage, associé aux païens, afin de traverser le lac en mettant le cap vers une communauté juive. Marc et Luc précisent que Jésus débarque à Capharnaüm, alors que Matthieu qualifie cet endroit comme « sa ville » (*Mt* 9, 1). En effet, Jésus s'y retrouve souvent. Il aime bien à l'occasion séjourner chez Simon et André, ses amis, qui résident dans une maison non loin du lac. Jésus y va pour se reposer et annoncer les merveilles du royaume de Dieu.

La suite du récit décrit le paralytique, le pardon qui lui est accordé et sa guérison. Il est possible aussi d'y repérer trois moments où le regard intérieur de Jésus en dit long : un premier fait voir la foi des porteurs du paralytique ; un deuxième permet de constater les pensées méchantes des scribes et un troisième distingue la reconnaissance des témoins de la guérison. Ce regard intérieur de Jésus voit les cœurs avec leurs ombres et leurs lumières.

Et voilà qu'arrive le malade. Matthieu ne mentionne rien des précisions hautes en couleur que le lecteur retrouve chez Marc et Luc : les quatre porteurs, la montée sur la maison avec le malade, l'ouverture du toit en bois et en paille recouvert d'argile et la descente du malade au pied de Jésus. « Tout le monde connaît la scène, non seulement aujourd'hui, d'après l'Évangile de Marc et de Luc, mais déjà parmi les premiers chrétiens, si bien que Matthieu n'éprouve pas le besoin de la décrire ni de préciser qui sont les "ils" qui présentent à Jésus le malade[49]. » Mais les trois synoptiques se rejoignent pour décrire l'homme présenté à Jésus comme un malade souffrant d'une paralysie. Au temps de Jésus, le paralytique, comme tout autre malade, était perçu comme un pécheur. Son péché pouvait être grave au point de se rendre visible par la maladie. Dans le cas présent, le malade porté sur un brancard souffre au moins d'une paralysie des jambes. Il ne peut plus se déplacer ; il dépend des autres pour être transporté. On peut comprendre l'effort demandé par les porteurs. C'est pourquoi le malade est souvent confiné chez lui. Lorsqu'on le déplace,

---

49. Collectif, *op. cit.*, p. 191.

c'est qu'il y a un motif important. Or, voilà que les porteurs sont décidés à le conduire à Jésus. Ils ont possiblement eu l'occasion d'écouter celui-ci proclamer la Bonne Nouvelle à Capharnaüm. « On ne sait jamais, se disent-ils, Jésus est peut-être celui qui va guérir notre ami paralysé ! »

Tout à coup, le regard de Jésus s'émeut. Il voit plus loin que les apparences de ces porteurs. L'évangéliste Matthieu signale à propos de Jésus : « Voyant leur foi [...] » (*Mt* 9, 2). Seul Jésus, avec la profondeur de son regard, reconnaît la foi qui anime ces hommes. Ce qui est particulier ici, c'est que Jésus n'observe pas tant la foi du paralytique que celle de ses porteurs possiblement et aussi, celle de certaines personnes présentes dans la foule. Autrement dit, « il est clair que, d'après les Évangiles, la scène ne se passe pas seulement entre Jésus et le malade, mais que des tiers y ont un rôle déterminant sur l'action même du Christ[50] ». Jésus est probablement touché par la confiance des porteurs, leur audace. Ils n'ont rien dit, mais leur parcours et leur effort pour transporter le paralytique jusqu'à Jésus témoignent de leur désir impétueux. Au fond, c'est leur foi qui les a mis en mouvement pour aller à la rencontre de celui qui est venu d'abord pour eux.

---

50. *Ibid.*, p. 192.

Le paralytique non plus n'a rien dit. Jésus voit son cœur qui cherche du secours. Bien que le paralytique soit perçu comme un pécheur, nous pouvons penser qu'il ne souhaite pas tant le pardon que la guérison. Au cœur du silence observé par ces hommes surgit la parole de Jésus : « Confiance, mon enfant, tes péchés sont pardonnés » (*Mt* 9, 2). Matthieu est le seul évangéliste qui attribue à Jésus le mot « confiance ». Il montre ainsi que Jésus invite à prendre courage, même au cœur de la maladie. Il dit aussi « mon enfant », parole retrouvée de façon commune chez Matthieu et Marc, alors que chez Luc, il dit « homme ». Chez Matthieu et Marc, on voit que le pardon accordé par Jésus place dans une relation filiale avec Dieu le Père, qui dit « mon enfant ». Qu'est-ce que nous avons éprouvé lors de notre dernière expérience d'un pardon reçu ou accordé ? Comment pouvons-nous retrouver notre liberté intérieure, à l'image de celle d'un enfant, lorsqu'elle est menacée ?

Dans l'évangile de *Matthieu*, un deuxième moment survient où le regard intérieur de Jésus perçoit autre chose. Il s'agit de la réaction spontanée des scribes. Matthieu rapporte : « Et voici que certains parmi les scribes se disaient : "Celui-là blasphème." Certes, tout bon Juif qui aurait entendu quelqu'un affirmer qu'il pouvait remettre les péchés se serait indigné. Mais Jésus connaissant leurs pensées demanda : "Pourquoi avez-vous des pensées mauvaises ?" » (*Mt* 9, 3-4). C'est qu'une fois le miracle réalisé, les scribes demeurent ancrés dans leur refus. L'évangéliste Matthieu est le seul qui qualifie leurs pensées de « mauvaises », alors que Marc et Luc mentionnent : « Pourquoi ces raisonnements dans vos cœurs[51] ? » Ainsi Matthieu met-il davantage l'accent sur le regard intérieur de Jésus qui scrute les cœurs incapables d'accueillir le signe de la guérison. Leur colère, leur rigorisme et leur envie empêchent les scribes d'apercevoir, dans la vie de cet homme guéri, les merveilles réalisées par la tendre miséricorde de Dieu. Ce qui trouble le jugement des scribes, c'est bien ce que voit Jésus : leur mauvais cœur qui va les amener à dire « Celui-là blasphème » (*Mt* 9, 3). N'est-ce pas là le motif même qui conduira le Nazaréen à être condamné ? Pourtant Jésus reconnaît que Dieu seul peut remettre les péchés, car c'est lui qui est offensé par les fautes du pécheur. Mais, quand Jésus pardonne les péchés, c'est bien encore Dieu qui le fait, car lui, Jésus, est Dieu. Les scribes résistent. Ils se braquent contre Jésus. Jusqu'ici, leur réaction demeure intérieure, mais Jésus remarque leur pensée secrète. « Par conséquent, en répondant à cette accusation avant même qu'elle ait été lancée en clair, Jésus montre déjà qu'il lit "dans les cœurs", comme Dieu. Puis il va faire la preuve, par un miracle bien visible, du pouvoir qu'il a de guérir intérieurement du péché et de la

---

51. Voir *Mc* 2, 8 et *Lc* 5, 22.

paralysie spirituelle[52]. » C'est ainsi que Jésus dit : « En effet, qu'est-ce qui est le plus facile ? Dire : "Tes péchés sont pardonnés", ou bien dire : "Lève-toi et marche" ? » (*Mt* 9, 5). Face à la fermeture du cœur chez les scribes, Jésus n'hésite pas à leur en mettre plein la vue. Posant son regard pénétrant sur le paralytique, il lui dit : « Lève-toi, prends ta civière, et rentre dans ta maison » (*Mt* 9, 6). Et voilà que l'homme guéri sort devant tout le monde avec son brancard sur le dos et remonte chez lui. Durant sa marche, j'imagine que l'homme s'est dit qu'il n'oublierait jamais la maladie dont il avait été guéri. Au moment où il rebrousse chemin, les rôles sont inversés. Au départ, c'est le brancard qui le transportait, maintenant c'est lui qui apporte son lit. Jésus se révèle comme celui qui renverse les perspectives dans nos vies pour nous rendre plus libres. Pour cet homme, sa guérison ne pouvait qu'être le plus grand signe qu'il est pardonné et aimé de Dieu.

Enfin, ce récit évangélique se termine par un troisième moment où le regard intérieur de Jésus se pose, cette fois-ci sur les foules. Celles-ci réalisent tout à coup ce qui se passe chez le paralytique guéri : « Voyant cela, les foules furent saisies de crainte et rendirent gloire à Dieu qui a donné un tel pouvoir aux hommes » (*Mt* 9, 8). Le miracle de la guérison suscite chez elles des réactions spontanées et authentiques :

---

52. Collectif, *op. cit.*, p. 193.

la stupeur, l'émerveillement et la reconnaissance. Matthieu est le seul évangéliste à rapporter leur crainte. Quant à Jésus, il voit la fermeture du cœur chez les scribes et il perçoit la crainte chez les autres juifs. Mais cette crainte conduit à l'ouverture du cœur et à l'adoration de Dieu. Ainsi, certains juifs reconnaissent l'autorité de Jésus. Pour eux, il ne s'agit pas d'un pouvoir magique, mais d'une autorité que Jésus exerce au nom de Dieu. Cette autorité est « appel » dans leur vie au point de leur permettre de reconnaître la guérison du paralytique.

La prière et l'action :
un équilibre à trouver dans la mission

Le regard intérieur de Jésus voit la foi des porteurs qui sont prêts à tout pour lui amener le paralytique. C'est dire que ces hommes ont développé une profonde solidarité. Jésus le voit bien et il est touché en constatant leur attitude miséricordieuse, sensible à la détresse de leur ami infirme. Les scribes, eux, se disent spécialistes et interprètes des Écritures, mais leur cœur est fermé au bien que Jésus veut faire pour cet homme malade. Leur critique et leur aigreur les empêchent d'écouter Dieu. Encore aujourd'hui, le pape François met en garde les baptisés qui s'engagent dans la mission en demeurant repliés sur eux-mêmes sans se soucier de développer leur vie intérieure qui les rend plus solidaires des détresses humaines :

> Quand la vie intérieure se ferme sur ses propres intérêts, il n'y a plus de place pour les autres, les pauvres n'entrent plus, on n'écoute plus la voix de Dieu, on ne jouit plus de la douce joie de son amour, l'enthousiasme de faire le bien ne palpite plus. Même les croyants courent ce risque, certain et permanent. Beaucoup y succombent et se transforment en personnes vexées, mécontentes, sans vie[53].

Notre participation à la mission témoigne-t-elle d'un essoufflement, d'un découragement, d'une frustration ? Plus que jamais, l'Église a besoin de disciples-missionnaires qui témoignent de la joie de l'Évangile et du bonheur de vivre une relation d'amitié avec Dieu. Sommes-nous des disciples-missionnaires animés du feu de l'Esprit Saint, de son audace, de sa joie ? Ceux et celles qui le sont réalisent qu'ils respirent à plein avec les deux poumons de la mission : la vie intérieure et l'action caritative. Le pape François le rappelle avec à-propos :

---

53. Pape François, *op. cit.*, n° 2.

Il faut toujours cultiver un espace intérieur qui donne un sens chrétien à l'engagement et à l'activité. Sans des moments prolongés d'adoration, de rencontre priante avec la Parole, de dialogue sincère avec le Seigneur, les tâches se vident facilement de sens, nous nous affaiblissons à cause de la fatigue et des difficultés, et la ferveur s'éteint. L'Église ne peut vivre sans le poumon de la prière, et je me réjouis beaucoup que se multiplient dans toutes les institutions ecclésiales les groupes de prière, d'intercession, de lecture priante de la Parole, les adorations perpétuelles de l'Eucharistie. En même temps, on doit repousser toute tentation d'une spiritualité intimiste et individualiste, qui s'harmoniserait mal avec les exigences de la charité ainsi qu'avec la logique de l'Incarnation. Il y a un risque que certains moments d'oraison se transforment en excuse pour ne pas se livrer à la mission, parce que la privatisation du style de vie peut porter les chrétiens à se réfugier en de fausses spiritualités[54].

---

54. *Ibid.*, n° 262.

C'est dire que tout disciple-missionnaire peut se retrouver pris au piège de l'activisme ou du spiritualisme. On comprend l'importance de trouver un juste équilibre entre engagement missionnaire et vie intérieure. La mission s'articule autour de ces deux pôles. Certes, cela est toujours un apprentissage à faire. À cause de leur grande foi, les porteurs ont agi ; ils ont transporté le paralytique afin qu'il rencontre personnellement le Christ. Leur solidarité a guidé leur action bienveillante en faveur de leur ami infirme. Celui-ci a été transformé intérieurement et physiquement. Cela montre l'importance d'être à l'écoute de l'Esprit Saint si nous voulons, par exemple, découvrir comment, avec d'autres, aider un ami, un voisin, un collègue à se déplacer, à se libérer, à rencontrer le Ressuscité. Les porteurs de l'Évangile nous apprennent que notre action missionnaire consiste à faire ce que nous pouvons pour mettre les gens en contact avec Jésus Christ, les porter pour ainsi dire jusqu'à lui. Une fois en sa présence, ce qui se passe entre eux et lui n'est plus de notre responsabilité. Les porteurs nous relancent à prendre conscience de l'importance de la communauté, où l'on se porte mutuellement, où l'on porte les fardeaux les uns des autres.

Le regard intérieur de Jésus posé sur moi

1. Le message du récit du paralysé pardonné et guéri (*Mt* 9, 1-8) vaut aussi pour moi aujourd'hui. Quelles sont les attitudes ou quels sont les comportements qui m'immobilisent intérieurement et m'empêchent de mieux vivre le message de l'Évangile ? Comment puis-je m'en libérer ?

2. Jésus voit le cœur des porteurs du paralytique, celui des scribes et celui des gens rassemblés à Capharnaüm. Il voit aussi mon cœur avec ses ombres et ses lumières. Que voit-il au fond de mon être ? Comment suis-je un porteur, une porteuse ? Est-ce que je peux identifier les gens que je porte ? Qui sont les gens qui me portent ? Comment ma prière me permet-elle de porter des personnes que je connais ? Quels sont les services de ma communauté chrétienne qui permettent de porter les malades, les personnes seules, les migrants, les démunis, les familles, les jeunes ? Est-elle une communauté où l'on se porte mutuellement ?

3. « Confiance, mon enfant, tes péchés sont pardonnés » (*Mt* 9, 2), dit Jésus à l'homme infirme. Quelle place occupe le sacrement de la réconciliation dans ma vie chrétienne ?

4. Jésus voit les pensées mauvaises des scribes ; il scrute leurs intentions. Quelle est ma réaction lorsque je suis témoin de discrimination, d'injustice, de médisance envers des personnes ?

5. « Lève-toi, prends ta civière et rentre dans ta maison » (*Mt* 9, 6), s'exclame Jésus devant le paralytique guéri. Encore aujourd'hui, le Seigneur m'appelle à demeurer debout dans la foi et à avancer dans la confiance. Quels sont les obstacles qui m'empêchent parfois de répondre à son invitation ?

6. En voyant le paralytique pardonné et guéri, les foules rendent gloire à Dieu. Dans ma vie personnelle, quels sont les motifs pour lesquels je peux rendre grâce au Seigneur ? Je les écris, puis je les confie à Dieu dans un moment de prière.

Jésus au plus profond de moi

Aujourd'hui, Seigneur Jésus, je suis avec cette foule
qui remplit la maison où tu es entré…
Et tu es là au milieu de nous.
Tu nous parles et tu accomplis ta parole
en pardonnant et en guérissant.
Oui, Jésus, je peux être avec d'autres cette foule
qui t'approche pour t'écouter…

Qui s'émerveille et qui rend gloire à Dieu en disant :
« Nous n'avons jamais rien vu de pareil ! »

Seigneur Jésus, je peux aussi être
l'un des porteurs dévoués, inventifs, efficaces…
Je suis appelé à être prêt pour vivre
l'entraide mutuelle avec d'autres.
Et à nous porter les uns les autres,
à nous entraîner à nous approcher de Toi pour te rencontrer.

Et puis, bien sûr, je suis parfois ce paralysé !
Paralysé par mes peurs, mon laisser-aller,
mon esprit de possession ou de domination,
tout ce qui m'entrave
et m'empêche de vivre pleinement et d'aimer en vérité.
« Confiance, mon enfant, tes péchés sont pardonnés.
Lève-toi, prends ta civière et rentre dans ta maison. »
Oui, Jésus, tu vois au-delà de tout et au plus profond de moi.
Tu guéris mon cœur, puis tu soulages mon corps.
Mais surtout, tu veux me voir vivre pleinement heureux[55] !

---

55. Voir [abbaye-tamie.com/archives/la_communaute/la_liturgie/homelies_tamie/ archives-homelies-tamie/homelies_2012/homelie-to7.pdf] (Site Web visité le 27 juin 2020).

Chapitre 5
Un regard compatissant

La compassion caractérise l'attitude d'une personne qui se laisse toucher par la souffrance de l'autre. Le mot « compassion », qui vient du latin *compassio*, signifie « le fait de souffrir avec ». Il existe diverses formes de compassion qui peuvent s'exprimer par le soutien, la miséricorde, le pardon, la tendresse. Certes, la compassion ne supprime pas la détresse de l'autre, mais elle permet de la porter avec lui dans la bienveillance. Ainsi, la compassion se révèle-t-elle comme une forme élevée d'amour envers quelqu'un.

Dans nos relations interpersonnelles, notre compassion exprime notre désir d'aider notre prochain et de réduire sa souffrance afin de lui procurer un bien-être physique, psychologique ou spirituel. Notre compassion se reflète immanquablement dans notre regard. De plus, elle ouvre notre cœur à vivre une plus grande proximité avec l'autre, à nous intéresser à lui et à comprendre sa difficulté. Jésus lui-même a beaucoup manifesté sa compassion envers les pauvres, les malades, les malheureux et les pécheurs. Encore aujourd'hui, il se tient à nos côtés pour nous soutenir et nous réconforter au cœur de nos détresses et de nos souffrances. Sa compassion se révèle souvent dans nos gestes de bonté envers celui ou celle qui a besoin de réconfort.

Le vieux moine et ses disciples

Notre manière d'entrer en relation avec l'autre et d'être sensible à ce qu'il vit en dit long parfois sur notre capacité d'être compatissant. Ce récit en donne un exemple éloquent.

> Après une longue période de vie commune, passée dans l'étude et la méditation, trois disciples avaient quitté leur vieux maître pour entreprendre leur mission dans le monde.
>
> Au bout de dix ans, les trois disciples rentrèrent et rendirent visite à leur maître. Le vieux moine les fit asseoir autour de lui, sa santé ne lui permettant plus de se lever. Chacun se mit à raconter son expérience.

« Moi, commença le premier, avec une pointe d'orgueil dans la voix, j'ai écrit beaucoup de livres et j'en ai vendu des millions d'exemplaires. »

« Tu as rempli le monde de papier », dit le maître.

« Moi, dit le second avec fierté, j'ai prêché à des milliers d'endroits. »

« Tu as rempli le monde de paroles », dit le maître.

« Moi, ajouta le troisième, je t'ai apporté ce coussin afin que tu puisses y étendre sans douleur tes jambes malades. »

« Toi, sourit le maître, toi, tu as trouvé Dieu[56] ! »

Cette histoire montre que si nous sommes centrés sur nous-mêmes, sur nos exploits, nous ne voyons pas la fragilité de l'autre. Par contre, si nous acceptons de sortir de nous-mêmes pour nous rendre disponibles à notre prochain et pour être attentifs à ses besoins, notre compassion devient un élan naturel du cœur envers lui.

---

56. Bruno Ferrero, *Graines de sagesse*, Strasbourg, Signe, 2000, p. 14.

L'hémorroïsse guérie et la fille de Jaïre rendue à la vie

L'évangéliste Matthieu présente un récit au chapitre 9, versets 18-26, où la misère d'un notable, père d'une fille venant de mourir, et la souffrance d'une femme malade arrachent à Jésus des gestes d'encouragement et des paroles de guérison. Son regard de compassion leur rend l'espérance :

> [18] Tandis que Jésus leur parlait ainsi, voilà qu'un notable s'approcha. Il se prosternait devant lui en disant : « Ma fille est morte à l'instant ; mais viens lui imposer la main, et elle vivra. »
>
> [19] Jésus se leva et le suivit, ainsi que ses disciples.
>
> [20] Et voici qu'une femme souffrant d'hémorragies depuis douze ans s'approcha par-derrière et toucha la frange de son vêtement.
>
> [21] Car elle se disait en elle-même : « Si je parviens seulement à toucher son vêtement, je serai sauvée. »
>
> [22] Jésus se retourna et, la voyant, lui dit : « Confiance, ma fille ! Ta foi t'a sauvée. » Et, à l'heure même, la femme fut sauvée.

²³ Jésus, arrivé à la maison du notable, vit les joueurs de flûte et la foule qui s'agitait bruyamment. Il dit alors :

²⁴ « Retirez-vous. La jeune fille n'est pas morte : elle dort. » Mais on se moquait de lui.

²⁵ Quand la foule fut mise dehors, il entra, lui saisit la main, et la jeune fille se leva.

²⁶ Et la nouvelle se répandit dans toute la région.

Dans ce récit évangélique, Jésus a pitié du notable qui a perdu sa fille et de la femme qui souffre d'hémorragies. Ceux-ci sont touchés par sa compassion. Les quatre évangiles reprennent à leur façon ce thème de la compassion de Jésus, tout particulièrement envers les malades et la foule[57].

Un regard de compassion suscitant deux guérisons

Le récit de la guérison de l'hémorroïsse et du retour à la vie de la jeune fille se retrouve dans les trois évangiles synoptiques. Ceux-ci ont en commun de nous présenter trois scènes : la demande d'un notable à Jésus d'imposer les mains à sa fille morte ; la guérison d'une femme souffrant d'hémorragies et le

---

57. Voir *Mc* 6, 34-44; *Mt* 14, 4-33; *Lc* 9, 12-17; *Jn* 6, 1-12.

retour à la vie de l'enfant. Ces trois scènes sont animées par d'autres personnages. Il y a la foule, sur la rive, pendant que Jésus approche du rivage. Il en est question chez *Marc* 5, 21 et *Luc* 8, 40. Matthieu est plutôt discret sur ce détail, mais il mentionne la présence d'un notable qui vient à la rencontre de Jésus. Marc et Luc précisent qu'il s'agit d'un chef de synagogue du nom de Jaïre. Il est aussi question d'une femme malade qui cherche à toucher le vêtement de Jésus. Enfin, dans la dernière scène chez Matthieu, Jésus va à la rencontre d'une jeune fille morte, possiblement une adolescente. Marc, dont l'évangile est la source d'inspiration du récit matthéen, signale qu'il s'agit d'une fille de douze ans. Celle-ci apparaît plus jeune chez Luc puisqu'il la décrit comme une enfant. Malgré ces quelques nuances, il s'agit de deux guérisons : la femme libérée de ses hémorragies et la fille morte rendue à la vie.

Dans le premier épisode, Matthieu met en scène le notable qui s'approche de Jésus et se prosterne devant lui en disant : « Ma fille est morte à l'instant […] » (*Mt* 9, 18). Nous pouvons nous imaginer que cet homme est écrasé par la douleur : son enfant est décédée. Mais sa démarche est à la fois improbable et étonnante. L'évangéliste Matthieu met sur les lèvres de Jaïre une requête où s'exprime la confiance absolue de cet homme en la puissance de Jésus sur la mort : « […] mais viens lui imposer la main, et elle vivra » (*Mt* 9, 18). Quelle foi profonde témoignée par ce chef de synagogue ! Celui-ci demande à Jésus d'imposer la main à sa fille, un geste de bénédiction par lequel se transmet parfois une force.

La réponse de Jésus peut nous surprendre. Sa réaction est immédiate et décidée : il se « lève », un verbe propre à Matthieu qui présuppose que Jésus est encore à table chez Lévi, le collecteur d'impôts. Déjà, la posture de Jésus laisse entrevoir la victoire de la vie sur la mort. Dans la Bible, la mort est associée au fait d'être couché, étendu, endormi, tandis que la Résurrection conduit à être élevé d'entre les morts, bien vivant, debout ! Jésus se lève, il préfigure déjà la posture du Ressuscité qui va à la rencontre de la mort. Et il se met en route en accompagnant avec ses disciples le père de la jeune fille.

Chemin faisant, Jésus tente, avec ses disciples, de se frayer un passage au milieu de la foule. C'est le deuxième épisode de ce récit : « Et voici qu'une femme souffrant d'hémorragies depuis douze ans s'approche par-derrière […] » (*Mt* 9, 20). Elle a dépensé beaucoup d'argent, toutes ses économies, pour consulter plusieurs médecins[58]. Tout cela pour rien. Elle ne voit pas d'amélioration. Pire encore, son état s'aggrave. Cette femme souffre physiquement par ses pertes sanguines,

---

58. Voir *Mc* 5, 26.

et psychologiquement par son impureté contagieuse. Imaginez, elle ne peut toucher personne ni se laisser toucher par qui que ce soit. Or, voilà que la femme choisit de franchir l'interdit en se disant : « Si je parviens seulement à toucher son vêtement, je serai sauvée » (*Mt* 9, 21). La réaction de Jésus ne se fait pas attendre. Son regard compatissant se pose sur elle. Il ne lui adresse aucun reproche. Il accepte la foi commençante, imparfaite et toute simple de la femme. C'est pourquoi il lui dit : « Confiance, ma fille ! Ta foi t'a sauvée » (*Mt* 9, 22). Et la femme est alors libérée de sa maladie.

Lorsque nous y pensons bien, notre foi n'est pas parfaite et pure. Nous nous surprenons parfois à développer une foi qui n'est pas toujours adulte et qui peut dévier dans une relation avec un « Dieu donnant-donnant » : « Seigneur, je vais allumer un lampion et te l'offrir si tu exauces ma prière ! » Pourtant, la foi ne relève pas de la magie. La femme guérie de son hémorragie poursuit son cheminement de foi à la suite de Jésus. Cette foi est bien la sienne, mais elle est aussi un don de Dieu. Elle nous relance à ne pas la tenir pour acquise, mais plutôt à la purifier et à la développer afin qu'elle devienne une foi adulte.

Enfin, le troisième épisode du récit nous conduit à la maison de Jaïre. Seulement Matthieu rapporte que « Jésus vit les joueurs de flûte et la foule qui s'agitait bruyamment »

(*Mt* 9, 23). C'est comme si la foule était convaincue que la fille était bien morte ; elle était tapageusement compatissante, voire ironique à l'égard de Jésus. Nous pouvons presque penser que Jésus est mécontent. La foule fait trop de bruit. Il dit alors : « Retirez-vous. La jeune fille n'est pas morte : elle dort » (*Mt* 9, 24). Alors que la jeune fille est couchée, dans la position allongée d'une morte, Jésus va à sa rencontre debout, dans la position du Vivant. Il défie la mort. Il suscite même la victoire de la vie sur la mort : « Jésus lui saisit la main, et la jeune fille se leva » (*Mt* 9, 25). L'évangéliste Matthieu supprime ici toute parole de Jésus, ce qui est rare. Jésus prend plutôt la jeune fille par la main afin de la remettre sur pied, debout, dans la posture d'un retour à la vie.

N'y a-t-il pas là, pour nous, une invitation à voir toute détresse et tout deuil avec les yeux compatissants de Jésus ? La mort demeure-t-elle terrifiante pour nous ? Est-ce que nous nous exerçons à apprivoiser cette étape de la vie ? Il se peut que nous puissions trouver un réconfort grâce à cette parole de Jésus : « […] la jeune fille n'est pas morte ; elle dort » (*Mt* 9, 34). Parfois, je m'exerce à méditer « la » mort puisqu'elle deviendra un jour « ma » mort. Et je souhaite que sur mon monument funéraire on inscrive : « Pierre Goudreault endormi dans le Seigneur. » Mon espérance, c'est qu'en fermant un jour mes yeux sur le monde présent, je les ouvre pour l'éternité sur ceux et celles que j'aime et sur Dieu qui est la source de tout amour. Au soir de ma vie, je me dépouillerai de tout, sauf d'une chose, les tendresses et les amitiés cultivées durant mon existence. D'où l'importance que j'accorde au moment présent pour être disponible à des rencontres marquées par un amour bienveillant.

La compassion envers l'autre au cœur de la mission aujourd'hui

De nos jours, l'appel à devenir des disciples-missionnaires nous invite à aller vers les autres pour leur témoigner de l'Évangile. Sans hésitation, le pape François y voit une occasion privilégiée pour « rendre présent le parfum de la présence proche de Jésus et de son regard personnel[59] ». Le disciple-missionnaire arrive à le faire en s'intéressant à son prochain, tout particulièrement à celui aux prises avec la solitude, la maladie, la pauvreté. Il découvre alors la valeur de la proximité pour l'accompagner :

> L'Église devra initier ses membres – prêtres, personnes consacrées et laïcs – à cet « art de l'accompagnement », pour que tous apprennent toujours à ôter leurs sandales devant la terre sacrée de l'autre (cf. *Ex* 3, 5). Nous devons

---

59. Pape François, *op. cit.*, n° 169.

> donner à notre chemin le rythme salutaire de la proximité, avec un regard respectueux et plein de compassion, mais qui en même temps guérit, libère et encourage à mûrir dans la vie chrétienne[60].

Le pape François reconnaît l'importance de se faire proche de l'autre pour lui annoncer l'Évangile. Cela implique un mouvement de « sortie de soi vers un frère ou une sœur » pour lui témoigner le message d'amour du Christ dont les deux commandements orientent nos comportements : « Comme l'Église est missionnaire par nature, ainsi surgit inévitablement d'une telle nature la charité effective pour le prochain, la compassion qui comprend, assiste et promeut[61] », ainsi que l'amour de Dieu.

Il s'agit d'un amour de bienveillance pour notre prochain en nous intéressant à ce qu'il vit dans sa fragilité : « […] la compassion pour la douleur d'autrui, l'insécurité devant l'avenir, la préoccupation pour une personne chère, etc. ; il faut cependant avoir une sensibilité plus grande pour reconnaître ce qui intéresse réellement leur vie[62]. » Nous pouvons y voir ici la

---

60. *Ibid.*
61. *Ibid.*, n° 179.
62. *Ibid.*, n° 155.

connexion entre l'évangélisation et la promotion humaine comme la dimension sociale de la foi. Au fond, cela consiste à rechercher le bien commun.

Le regard compatissant de Jésus posé sur moi

1. Je lis le récit évangélique de l'hémorroïsse guérie et de la fille de Jaïre rendue à la vie (*Mt* 9, 18-26). Quel passage a une forte résonnance en moi ? Pourquoi ?

2. La foi du notable est grande lorsqu'il vient demander à Jésus d'imposer la main à sa fille morte afin qu'elle vive. Comment puis-je qualifier ma propre foi lorsque je me retrouve dans une situation de difficulté ?

3. La foi de la femme souffrant d'hémorragies est forte lorsqu'elle pense que le seul fait de toucher le vêtement de Jésus peut la guérir. Qu'est-ce qui a besoin d'être fortifié dans mon propre cheminement de foi ?

4. Jésus se retourne et pose un regard de compassion sur la femme malade : « Confiance, ma fille ! Ta foi t'a sauvée » (*Mt* 9, 22). Au cours des derniers jours, comment ma compassion s'est-elle manifestée envers une personne ? Qu'est-ce que j'ai appris sur cette personne et sur moi ?

5. En prenant la jeune fille par la main, Jésus la ramène à la vie. À quoi ai-je besoin de mourir pour mieux vivre à la

suite du Christ ? Quel est le chemin de vie que le Seigneur m'appelle à prendre à ce moment-ci de mon existence ? Est-ce que je me réjouis à la pensée qu'un jour Jésus me tendra la main pour me relever de la mort ? Pourquoi ?

Vienne le jour, Seigneur

>Vienne le jour, Seigneur,
>où notre misère rencontrera ta miséricorde.
>
>Vienne le jour, Seigneur,
>où notre pauvreté rencontrera ta richesse.
>
>Vienne le jour, Seigneur,
>où notre route rencontrera ta maison.
>
>Vienne le jour, Seigneur,
>où nos larmes rencontreront ton sourire.
>
>Vienne le jour, Seigneur,
>où notre détresse rencontrera ta compassion.
>
>Vienne le jour, Seigneur,
>où notre joie rencontrera ton ciel.

Vienne le jour, Seigneur,
où ton Église rencontrera ton Royaume.

Béni sois-tu, Père, pour ce jour-là,
où nos yeux rencontreront enfin ton regard !
Tout au long de notre vie tu n'as cessé de venir
au-devant de nous
par ton Fils Jésus Christ, notre Sauveur et notre frère[63].

---

63. Lucien Deiss, *Prières bibliques*, Paris, Levain, 1977, p. 10.

Chapitre 6
Un regard lumineux

Le thème de la lumière traverse l'histoire du salut dans les récits bibliques. Dès la *Genèse*, Dieu établit la séparation entre les ténèbres et la lumière (*Gn* 1, 38). Puis, avec la venue de Jésus, lui, la Révélation pleine et entière de Dieu, ses disciples le reconnaissent comme « la lumière du monde » (*Jn* 8, 12).

De nos jours, c'est sur le visage de notre prochain que brille la lumière du Christ. Ne disons-nous pas parfois que telle personne a de la lumière dans les yeux ? Il m'arrive de l'apercevoir lors de la confirmation des jeunes adultes. J'y vois le Souffle de Dieu qui traverse leur vie et leur laisse des étincelles de joie dans les yeux.

Dans la nature, la lumière de l'aurore ou du crépuscule est douce. Elle est un généreux don de Dieu. J'en prends conscience chaque fois qu'il m'est donné de contempler un magnifique coucher de soleil au quai de Kamouraska. Tout doucement, le soleil baisse de l'autre côté du fleuve Saint-Laurent pour disparaître dans les montagnes tout en laissant jaillir de magnifiques teintes aux couleurs de feu dans le ciel. Au cœur de notre quotidien, la lumière vient souvent nous éclairer, nous guider et nous réchauffer. Parfois, elle nous surprend...

La vie comme un clair-obscur

Sœur Marie est prieure de Prailles (Deux-Sèvres), en France, l'une des quatre communautés bénédictines de Notre-Dame du Calvaire. Dans une lettre, elle raconte son voyage à Bethléem où elle a découvert un spectacle unique par le trou d'une serrure :

> Il faut du temps pour comprendre la cohérence d'une vie ! [...]
>
> C'était cet hiver, dans la basilique de la Nativité, une des plus vieilles églises du monde. Il était impossible d'accéder à la grotte de la Nativité à ce moment de l'année, nous étions donc allés

nous recueillir dans la grotte de Saint-Jérôme, à côté. Mais j'avais découvert, quelques mois plus tôt, grâce aux Franciscains de Jérusalem, comment passer de la grotte de la Nativité à la grotte de Saint-Jérôme par un passage sous terre. Je me suis dit qu'il me suffisait de le faire dans l'autre sens. Mais, au bout du chemin, c'était fermé ! Je me suis retrouvée devant une grosse porte en bois. Ça aurait pu n'être qu'une porte en bois, mais il y avait un petit trou… Par lequel je pouvais voir le lieu de la nativité du Christ. Il n'y avait personne d'un côté comme de l'autre. Pas un pèlerin ! J'ai pu tout apercevoir de l'autre côté de cette porte très sombre. C'était un bain de lumière !

La vie, pour moi, c'est le clair-obscur. Il y a une direction, un sens. Dieu, je ne l'ai pas atteint. La vie monastique consiste à chercher Dieu. On a souvent l'impression que la route est barrée, mais il faut trouver le petit trou par lequel notre regard va pouvoir passer… C'est une belle illustration d'une vie dédiée à Dieu[64].

---

64. Sœur Marie, « Nous entrons dans une nouvelle ère », *Panorama*, n° 561, 2019, p. 11 et 15.

La lumière jaillissant d'un petit trou de la porte est une belle image pour illustrer la vie monastique, mais, à bien y penser, elle s'avère pertinente aussi pour tout choix de vie. C'est souvent le cas lorsque nous devons affronter un obstacle de l'existence et que nous découvrons tout à coup un chemin de lumière pouvant nous aider à trouver une solution. C'est aussi ce qui se passe quand nous confessons nos propres fragilités et que la lumière du pardon de Dieu se fraie un chemin pour nous rejoindre dans nos ténèbres. Alors, nous réalisons que nous avons besoin de la lumière du Dieu vivant.

La guérison des deux aveugles près de Jéricho

Dans ses rencontres avec différentes personnes, Jésus se révèle comme celui dont les gestes, le message et le regard suscitent l'admiration. Dans son évangile, Matthieu en donne un exemple concret dans le récit qui présente la rencontre de Jésus avec les deux aveugles de Jéricho (*Mt* 20, 29-34). Dans la nuit qui les entoure, les deux aveugles vont faire l'expérience de rencontrer Jésus, lui, la lumière du monde. Et cette rencontre les transforme. Au cœur de leurs ténèbres jaillit la lumière du regard de Jésus :

> [29] Tandis que Jésus avec ses disciples sortait de Jéricho, une foule nombreuse se mit à le suivre.

³⁰ Et voilà que deux aveugles, assis au bord de la route, apprenant que Jésus passait, crièrent : « Prends pitié de nous, Seigneur, fils de David ! »

³¹ La foule les rabroua pour les faire taire. Mais ils criaient encore plus fort : « Prends pitié de nous, Seigneur, fils de David ! »

³² Jésus s'arrêta et les appela : « Que voulez-vous que je fasse pour vous ? »

³³ Ils répondent : « Seigneur, que nos yeux s'ouvrent ! »

³⁴ Saisi de compassion, Jésus leur toucha les yeux ; aussitôt ils retrouvèrent la vue, et ils le suivirent.

Que nous apprend ce récit présenté par Matthieu ? Que découvrons-nous en méditant la réaction des deux aveugles, de la foule et de Jésus ? Y répondre nous invite à réfléchir à nos propres aveuglements. C'est aussi l'occasion d'approfondir notre vie baptismale par laquelle nous sommes appelés à avancer dans l'existence en fils et filles de lumière.

Les deux aveugles changés par le regard lumineux de Jésus

La guérison de l'aveugle de Jéricho est rapportée chez *Matthieu* 20, 29-34, *Marc* 10, 46-52 et *Luc* 18, 35-43. Mais ce qui frappe chez Matthieu, c'est qu'il y a deux aveugles tout comme dans le miracle semblable au chapitre 9, 27-31. Alors que dans ce dernier, la foi est mise en valeur[65], le récit du chapitre 20 devient un accompagnement presque processionnel, comme en Marc et Luc. Avec les trois évangiles synoptiques, nous affrontons la montée vers Jérusalem depuis Jéricho. De l'hébreu *yerihô* qui signifie « ville des palmiers », cette cité a été reconstruite avec magnificence par Hérode le Grand près des ruines d'une commune cananéenne du même nom. Elle se situe dans une oasis fertile près du Jourdain. Elle est reliée à Jérusalem par une route escarpée d'environ 37 kilomètres.

Le contexte de ce récit place Jésus dans une montée triomphale : « Tandis que Jésus avec ses disciples sortait de Jéricho, une foule nombreuse se mit à le suivre » (*Mt* 20, 29). Que ce soit à l'entrée de Jéricho (Luc) ou à sa sortie

---

65. « Quand il fut entré dans la maison, les aveugles s'approchèrent de lui, et Jésus leur dit : "Croyez-vous que je puisse faire cela ?" Ils lui répondirent : "Oui, Seigneur." Alors il leur toucha les yeux, en disant : "Que tout se passe pour vous selon votre foi !" » (*Mt* 9, 28-29).

(Matthieu et Marc), Jésus marche sur la route et il est suivi par plusieurs autres personnes. Celui qui monte à Jérusalem pour y souffrir sa Passion est reconnu en tant que le fils de David, comme le professent les deux aveugles chez Matthieu, Bartimée chez Marc, et l'aveugle anonyme chez Luc. Dans l'évangile de *Matthieu*, les deux hommes ne peuvent faire grand-chose en raison de leur cécité : « Et voilà que deux aveugles, assis au bord de la route [...] » (*Mt* 20, 30). Ils sont immobiles au bord du chemin. Aveugles et mendiants, où pourraient-ils aller ? Ils sont dans une nuit profonde qui les entoure. Il devient alors difficile de marcher vers de nouveaux horizons, vers des lendemains meilleurs.

Dans les temps bibliques, il y a beaucoup d'aveugles. Leur sort est peu enviable. Chez les nomades appelés à se déplacer régulièrement, la cécité s'avère un handicap majeur. Et du côté des peuplades sédentaires, les non-voyants se retrouvent réduits à mendier pour survivre. C'est le cas pour les deux aveugles présentés dans l'évangile de *Matthieu*. On les considérait comme des pécheurs. Ils étaient marginalisés et même souvent exclus.

Pour Jésus, le pire, c'est l'aveuglement spirituel qui empêche de voir le mystère de Dieu et ses merveilles. Jésus met en garde contre ceux qui sont aveuglés au point de ne pas le reconnaître et d'être incapables de le suivre. Il y a aussi les pharisiens qui ne voient pas, et qui exigent un signe venant du ciel. Que dire également des grands prêtres, des scribes et des Anciens qui insultent Jésus au pied de la croix : « Il en a sauvé d'autres, et il ne peut pas se sauver lui-même ! Il est roi d'Israël : qu'il descende maintenant de la croix, et nous croirons en lui ! » (*Mt* 27, 42) Il y a aussi l'aveuglement des disciples et plus particulièrement des Douze. Ceux-ci n'avaient pas compris le geste de la multiplication des pains, car leur cœur était endurci. C'est pourquoi la guérison des deux aveugles qui ont reconnu en Jésus le fils de David révèle son regard de lumière qui permet aux deux hommes de voir avec les yeux de leur chair et de leur cœur.

Et voilà que les deux aveugles apprennent que Jésus passe par là. Ils ont probablement entendu parler de lui. Certains leur ont peut-être dit qu'il guérit des malades. Il a rendu la parole à un muet et la vue à un aveugle. Les deux hommes sur le bord de la route sautent sur l'occasion. Ils crient : « Prends pitié de nous, Seigneur, fils de David ! » (*Mt* 20, 30). À plusieurs reprises, le Nouveau Testament fait mention du cri poussé par un homme ou une femme. Le cri joue un rôle important, selon les circonstances. Pensons, dans l'évangile de *Matthieu*, aux deux possédés qui se mettent à vociférer : « Que nous veux-tu, Fils de Dieu ? Es-tu venu pour nous tourmenter avant le moment fixé ? » (*Mt* 8, 29). Dans un autre récit où Jésus vient vers la barque de ses disciples en marchant sur la mer, ceux-ci

« pris de peur se mirent à crier » (*Mt* 14, 26). Puis, à son entrée à Jérusalem, « les foules qui marchaient devant Jésus et celles qui suivaient criaient : "Hosanna au fils de David ! Béni soit celui qui vient au nom du Seigneur ! Hosanna au plus haut des cieux !" » (*Mt* 21, 9). Ces quelques exemples montrent qu'il peut s'agir d'un cri d'étonnement, de détresse ou d'acclamation messianique. Dans le cas des deux aveugles, on retrouve à la fois le cri de détresse et d'acclamation.

Encore aujourd'hui, plusieurs cris de détresse s'expriment de diverses manières dans notre monde : les prises de parole pour lutter contre les discriminations ; les déclarations de certains pays pour la protection de l'environnement ; les dénonciations d'actes injustes perpétrés contre des pauvres ; les clameurs des migrants qui désirent trouver une terre d'asile. Est-ce que nous écoutons les cris de désarroi des gens d'ici et d'ailleurs ? D'autres individus n'ont pas la force de crier. Ils sont sans voix, car on les fait taire.

Après le cri des deux aveugles, l'évangile mentionne deux réactions. Tout d'abord, « la foule les rabroua pour les faire taire » (*Mt* 20, 31). Mais les deux aveugles confirment l'identité de Jésus. Ils l'interpellent comme « fils de David ». La foule a peut-être peur, en entendant l'acclamation des deux aveugles, que des soldats romains interviennent pour mettre des gens en prison. Acclamer Jésus comme « fils du roi David » peut laisser croire que certains veulent rétablir la monarchie en opposition à l'empereur romain. Malgré cette réaction de la foule qui veut rabrouer les deux aveugles, ceux-ci « criaient encore plus fort : "Prends pitié de nous, Seigneur, fils de David!" » (*Mt* 20, 31). Puis, une autre réaction se manifeste : « Jésus s'arrêta […] » (*Mt* 20, 32). Dans ce simple arrêt de Jésus sur la route, il y a toute une différence entre ce fils de David et un personnage politique du temps. Jésus veut se faire proche des aveugles en s'immobilisant près d'eux. Certains notables seraient passés tout droit. Mais Jésus s'intéresse aux deux aveugles. Il pose son regard de lumière sur eux. Il aperçoit alors leur détresse. Il les voit au bord du chemin comme dans la marge de l'existence humaine. Il sait qu'un mur s'est construit entre les gens de la ville et ces deux hommes. À sa façon, il veut plutôt établir un pont pour aller vers eux.

Dans notre quotidien, nous sommes parfois témoins qu'un mur peut faire obstacle à nos relations humaines. Sommes-nous portés à l'élever plus haut ou plutôt à le remplacer par un pont afin d'aller vers les autres ? Comme disciples-missionnaires, de quelle manière pouvons-nous établir des passerelles entre le message de l'Évangile et le vécu des personnes que nous rencontrons ?

Après s'être arrêté devant les deux aveugles, Jésus leur dit : « Que voulez-vous que je fasse pour vous ? » (*Mt* 20, 32). Ici, Jésus soulève une question à ses interlocuteurs. Dans les trois synoptiques, cet élément du récit se retrouve à peu près dans les mêmes termes. Pourquoi Jésus pose-t-il cette question ? Chez *Marc* 10, 51-52 et *Luc* 18, 41-42, c'est sûrement afin de permettre à l'aveugle d'exprimer sa foi, tandis que chez *Matthieu* 20, 32-33, c'est plutôt pour attirer l'attention sur l'autorité de Jésus qui, après la demande des deux aveugles, les guérit immédiatement.

La fin du récit est très différente chez Matthieu, si on la compare à celle présentée chez Marc et Luc. C'est seulement dans l'évangile de *Matthieu* qu'il est fait mention d'un sentiment ressenti par Jésus : « Saisi de compassion […] » (*Mt* 20, 34). Il ne s'agit pas simplement d'une sensation intérieure de pitié. Le mot « compassion » vient exprimer ce qui est au cœur de la mission de Jésus : l'amour du prochain vécu en actes. C'est le service que Jésus est venu accomplir au milieu de son peuple. Cette compassion nous révèle aussi son humanité.

Il y a une autre particularité chez Matthieu. Il s'agit de la manière dont les deux aveugles sont guéris : « Jésus leur toucha les yeux : aussitôt ils retrouvèrent la vue, et ils le suivirent » (*Mt* 20, 34). Il se fait le Serviteur des serviteurs en utilisant ses mains. Par ce geste, Jésus se fait proche et il touche à ce qui est le plus fragile dans la vie de ces hommes. Et de leur fragilité surgit une force inattendue : la lumière ! Ils voient le regard lumineux de celui qui les a guéris, un regard aimant, un regard les appelant à sa suite. La route est alors ouverte devant eux. Ils vont suivre Jésus. Ils se souviendront longtemps de cette rencontre où Jésus leur a touché les yeux, et de ce moment où, pour la première fois, ils ont croisé son regard.

Une Église en sortie auprès des gens au bord de la route

Durant sa montée vers Jérusalem depuis Jéricho, Jésus sort de la foule pour poser son regard plein de lumière sur les deux aveugles qui lui crient leur détresse. En s'arrêtant pour les regarder dans les yeux, Jésus se révèle à ces deux hommes : « Moi, je suis la lumière du monde. Celui qui me suit ne marchera pas dans les ténèbres, il aura la lumière de la vie » (*Jn* 8, 12). C'est parce que Jésus a choisi de sortir des rangs de la foule qu'il a pu apporter la lumière. N'avons-nous pas à apprendre de lui ? Il nous montre ce qu'est une « Église en sortie ». Le pape François situe cette sortie dans le fait de rejoindre des personnes qui, comme les deux aveugles, sont au bord de la route en situation d'exclusion et de détresse :

L'Église « en sortie » est une Église aux portes ouvertes. Sortir vers les autres pour aller aux périphéries humaines ne veut pas dire courir vers le monde sans direction et dans n'importe quel sens. Souvent, il vaut mieux ralentir le pas, mettre de côté l'appréhension pour regarder dans les yeux et écouter, ou renoncer aux urgences pour accompagner celui qui est resté sur le bord de la route[66].

Pour le pape François, les bords de la route correspondent aux périphéries humaines, c'est-à-dire aux malheureux, à leur situation de misère. Il peut s'agir des gens qui luttent contre la pauvreté, des personnes malades, des migrants en situation précaire, des jeunes en quête de sens à la vie, des populations déportées à cause des conflits armés, des hommes et des femmes aux prises avec des dépendances. Ces individus sont souvent en marge, au bord de la route. Très peu de personnes s'arrêtent pour aller vers eux. Aujourd'hui, être des disciples-missionnaires, engagés dans une Église en sortie, nous demande d'aller vers eux et de nous intéresser à la nuit de leur détresse afin de les accompagner, de les soutenir et de les réconforter. La mission fait grandir en nous une passion

---

66. Pape François, *op. cit.*, n° 46.

pour Jésus Christ, mais aussi une passion pour son peuple[67]. Jésus a besoin de nous pour faire voir son regard de lumière qui se pose sur son peuple bien-aimé :

> Jésus même est le modèle de ce choix évangélique qui nous introduit au cœur du peuple. Quel bien cela nous fait de le voir proche de tous ! Quand il parlait avec une personne, il la regardait dans les yeux avec une attention profonde pleine d'amour : « Jésus fixa sur lui son regard et l'aima » (*Mc* 10, 21). Nous le voyons accessible, quand il s'approche de l'aveugle au bord du chemin (*cf. Mc* 10, 46-52), et quand il mange et boit avec les pécheurs (*cf. Mc* 2, 16), sans se préoccuper d'être traité de glouton et d'ivrogne (*cf. Mt* 11, 19)[68].

Jésus est pour nous une grande source d'inspiration dans la mission. Il y a même plus. C'est lui, le premier évangélisateur. Le Ressuscité continue d'agir dans le cœur des personnes qui le connaissent ou qui ne l'ont pas encore rencontré. Et nous,

---

67. Voir *ibid.*, n° 268.
68. *Ibid.*, n° 269.

est-ce que nous acceptons de changer le regard que nous portons sur les autres pour les voir avec les yeux du Christ vivant ?

En fait, Jésus nous invite à prendre sa relève pour continuer ce qu'il a commencé lors de sa venue, il y a deux mille ans. Il nous en a conféré la mission à notre baptême. En effet, pendant l'onction avec le saint chrême, le président d'assemblée dit au nouveau baptisé : « [...] tu es membre du Corps du Christ et tu participes à sa dignité de prêtre, de prophète et de roi. » Prêtre pour garder fervente la prière, en particulier l'eucharistie ; prophète pour conserver vivante la Parole ; roi pour passer comme lui en faisant le bien. Pour nous aider à remplir cette triple mission – il s'agit du « sacerdoce commun » des baptisés –, nous nous rassemblons en communautés chrétiennes.

Les évangélistes reconnaissent dans la venue de Jésus la « visite » pleine et entière de Dieu. Le ministère de l'évêque est essentiellement lié à la « visite » faite par Dieu en Jésus Christ. Je fais mienne l'idée que « l'évêque est porteur d'un don spécial de l'Esprit en ce sens précis qu'il a mission de "garder" l'Église locale qui lui est confiée dans la grâce de la "visite de Dieu[69]" ». Autrement dit, la spécificité du rôle de

---

69. Jean-Marie-Roger Tillard, *L'évêque et l'Église locale aujourd'hui*, manuscrit, p. 2.

l'évêque est de veiller sur les communautés de son diocèse afin que se perpétue la « visite de Dieu[70] » faite dans le Christ. Et cette visite qui consiste à aller vers les autres se met en œuvre grâce à la participation de tous les baptisés selon leurs charismes, leurs talents, leur appel vocationnel. Lorsqu'ils s'engagent, ils prennent au sérieux les propos du pape François : « Il est vital que l'Église sorte pour annoncer l'Évangile à tous, en tous lieux, en toutes occasions, sans hésitation, sans répulsion et sans peur[71]. » Cela nous invite à aller avec audace et courage vers les gens en détresse aux abords de leur route de vie.

Le regard lumineux de Jésus posé sur moi

1. Quel mot ou quelle phrase m'interpelle le plus dans le récit de la guérison des deux aveugles (*Mt* 20, 29-34) ?

2. Que d'aveuglements dans ma vie ! Qu'est-ce que je ne vois pas ? Qu'est-ce que je ne veux pas voir ? Qu'est-ce que je ne sais pas voir ? M'arrive-t-il de ne pas apercevoir les

---

70. Le terme *episkeptomai* compris au sens de la « visite de Dieu », vient de la Septante, la Bible en hébreu traduite en grec (« avoir le souci de Dieu » ; « visiter pour sauver » : *Ps* 8, 5 *episkeptè*, cité en *He* 2, 6 ; voir aussi *Lc* 1, 68). On y retrouve les sens « d'intérêt » et de « sollicitude » auquel s'ajoute celui de la « responsabilité » à l'égard du bonheur des membres de l'Église. Cette préoccupation est celle du Christ bon pasteur.
71. Pape François, *op. cit.*, n° 23.

charismes et les talents chez les autres ? Qu'est-ce que je fais alors ?

3. La foi, c'est bien plus qu'adhérer à des dogmes et respecter des règles. C'est d'abord accepter que le Seigneur m'ouvre les yeux pour voir clair sur moi-même et pour me faire voir les autres avec un regard renouvelé. Je me mets sous le regard plein de lumière de Jésus afin de faire la vérité sur moi-même.

4. Je fais mienne la question de Jésus posée aux deux aveugles : « Que veux-tu que je fasse pour toi ? » (*Mt* 20, 32). Je me donne un temps personnel pour y répondre.

5. Jésus est saisi de compassion lorsqu'il voit les deux aveugles qui mendient au bord de la route. Je pense à une situation que j'ai vécue en participant à une Église en sortie pour me faire plus proche des périphéries existentielles. Comment ma compassion a-t-elle changé mon regard sur la détresse humaine de mon prochain ?

Les deux aveugles passant des ténèbres à la lumière

Seigneur Jésus,

tu as ouvert les yeux des deux aveugles,
tu t'es révélé à eux comme Sauveur :
vers toi nous tendons nos mains d'aveugles et nous te prions.

Vois les ténèbres qui descendent en notre esprit :
Éclaire-nous !
Regarde comme il fait nuit en notre cœur :
Sauve-nous !

Envoie sur nous ton Esprit Saint.
Qu'il illumine les yeux de notre cœur
afin que nous puissions, nous aussi,
te reconnaître comme Sauveur !

Qu'il fasse lever l'aurore de ce Jour éternel
où nous verrons, les yeux dans les yeux,
l'amour de ton Père pour chacun de nous[72].

---

72. Lucien Deiss, *op. cit.*, p. 47.

Troisième partie

REGARDS DE JÉSUS DANS L'ÉVANGILE DE *LUC*

Prélude

Parmi les quatre évangiles, le troisième, le plus long, est attribué à Luc. Selon Daniel Marguerat, exégète suisse, « il est aussi le plus soigné linguistiquement et littérairement : son vocabulaire est plus abondant que celui de Marc et de Matthieu, son style raffiné, sa composition étudiée. Son auteur est le plus grec du Nouveau Testament[73] ». Il se présente comme le seul évangile à se prolonger par un second livre : les *Actes des Apôtres*. C'est l'originalité de l'évangéliste Luc d'avoir distingué avec ses deux ouvrages des périodes différentes : le temps de Jésus et celui de l'Église. De plus, l'auteur est le seul évangéliste à se manifester personnellement par un « je » pour exposer le témoignage de foi de sa communauté chrétienne. Il le fait de manière singulière dans sa préface (*Lc* 1, 1-4) qui introduit son évangile et qui trouve un écho au commencement du livre des *Actes des Apôtres* (*Ac* 1, 1). La datation de son évangile se situe entre 80 et 85.

---

73. Daniel Marguerat, *op. cit.*, p. 85.

Qui est Luc ? Pour nous aider à mieux le connaître, il est important de se référer à Paul qui en fait mention à trois reprises : « Vous avez la salutation de Luc, le médecin bien-aimé, et de Démas » (*Col* 4, 14). Ce Luc a participé à des voyages missionnaires avec Paul : « Épaphras, mon compagnon de captivité dans le Christ Jésus, te salue, ainsi que Marc, Aristarque, Démas et Luc, mes collaborateurs » (*Phm* 23-24). Puis la dernière mention signale : « Luc est seul avec moi. Amène Marc avec toi, il m'est très utile pour le ministère » (*2 Tm* 4, 11). Ces quelques informations ont conduit Étienne Charpentier, exégète de grande renommée, à affirmer : « Luc n'a sans doute pas connu personnellement Jésus. D'origine païenne, il s'est converti, vers 43 peut-être, quand Barnabé et Paul prêchaient à Antioche[74]. » Même si Luc a une grande connaissance du judaïsme, il se révèle un homme de culture hellénistique. Son souci de l'histoire le rend attentif aux personnages. Il est un disciple qui trouve son salut en Jésus Christ, et il veut le communiquer par ses récits aux juifs comme aux païens. Il s'agit d'un évangile à caractère universel. Et cette extension aux païens, Luc la réalise en partie au sein de sa communauté chrétienne.

---

74. Étienne Charpentier, *Des évangiles à l'évangile*, Vendôme, Le Centurion, 1976, coll. « Croire et comprendre », p. 95.

PRÉLUDE

La géographie de Luc se situe principalement à Jérusalem. C'est dans cette ville sainte que son évangile commence et se termine. Luc présente d'abord les récits de l'enfance (*Lc* 1, 5 – 2, 21). Puis, on retrouve les sections suivantes : la présentation de Jésus au Temple et sa mission initiale en Galilée (*Lc* 2, 22 – 9, 50); les récits sous la forme d'un voyage de Jésus vers Jérusalem (*Lc* 9, 51 – 19, 28); son entrée triomphale, sa Passion et sa Résurrection vécues dans la ville sainte ou ses proches environs (*Lc* 19, 29 – 24, 53). La structure d'ensemble de l'évangile est nettement centrée sur Jérusalem.

La composition littéraire de l'évangile de *Luc* est intéressante :

> L'emprunt de la matière narrative de Marc couvre 35 % de l'évangile de *Luc*. [...] On estime à un peu plus de 20 % de l'évangile le matériau narratif puisé dans la source Q[75]. [...] Abstraction

---

75. Les évangiles synoptiques se ressemblent assez pour être placés en colonnes de façon à en lire les ressemblances et les différences. Un document commun a pu inspirer les trois évangiles : c'est ce qu'on appelle « la triple tradition ». Un autre document a influencé uniquement Matthieu et Luc : on l'appelle souvent la source Q (de « *Quelle* », en allemand, qui signifie « source » ou de *logia*, en grec, qui veut dire « paroles »).

faite des emprunts à Marc et à la source Q, une importante partie du texte (non loin de 45 %) n'appartient qu'au troisième évangile[76].

Ainsi, Luc rédige son évangile sur la base de deux sources écrites : Marc et la source Q. De plus, il développe ses récits à partir des témoins oculaires de Jésus. Il le fait aussi grâce à sa communauté, dont le témoignage lui est parvenu par la tradition orale. Il semble que la communauté chrétienne de Luc soit née en territoire païen, grec comme celle d'Antioche ou de Philippes.

Le Jésus de Luc est désigné par des termes originaux qu'on ne retrouve pas chez Marc et Matthieu : « Il nomme Jésus "Seigneur", "le Sauveur" ; en lui est "le salut". Ces mots proviennent de la Bible grecque, mais ils sont particulièrement bien adaptés à l'attente et à la recherche du monde hellénistique auquel Luc adresse son œuvre[77]. » Comme pour les

---

76. Daniel Marguerat, *op. cit.*, p. 89-91. « La tradition propre à Luc : l'Évangile de l'enfance (1-2) ; la généalogie de Jésus (3, 23-38); la prédication inaugurale à Nazareth (4, 16-30); un groupe de paraboles (le Samaritain, l'ami importun, l'homme riche, le figuier, la drachme perdue, le fils perdu, le riche et Lazare, le pharisien et le collecteur d'impôts, etc.) ; un groupe de récits de miracles (la pêche abondante, la Résurrection du fils de la veuve à Naïm, la femme courbée, les dix lépreux, etc.) ; des fragments de la Passion (22, 28-32; 23, 6-12; 23, 39-43); des récits pascaux (24, 13-52) » (p. 91).
77. Augustin George, *Pour lire l'Évangile selon saint Luc*, Paris, Cerf, 1973, coll. « Cahiers Évangile », n° 5, p. 8.

autres évangiles, le thème central est le message et la personne de Jésus. Par ces titres accordés à Jésus, Luc est celui qui proclame le plus nettement l'aujourd'hui du salut. Pour l'évangéliste, tout le salut nous est donné en Jésus Christ.

Il importe de signaler une belle spécificité de l'évangile de *Luc*. Dans plusieurs de ses textes, la joie est très présente ! Cette joie s'exprime à bien des endroits, car plusieurs personnages chantent : Zacharie parce qu'il va avoir un enfant (*Lc* 1, 67-79) ; Marie parce que Dieu a fait en elle des merveilles (*Lc* 1, 46-55) ; les anges dans le ciel (*Lc* 2, 14) ; les pauvres sur terre (*Lc* 2, 20) ; Zachée qui distribue ses biens (*Lc* 19, 1-10) ; Jésus qui se réjouit de la joie de ses disciples (*Lc* 10, 17-22). Comme le souligne Étienne Charpentier, « la joie de Dieu est de donner le salut en pardonnant et la joie du disciple de proclamer cette bonne nouvelle comme les bergers[78] ». C'est avec cette « joie de l'Évangile » que se constitue la communauté que Luc décrit plus longuement dans les *Actes des Apôtres*.

Enfin, Luc rédige son évangile en nous parlant de Dieu qui se révèle comme « Père ». Il en parle même comme *Abba*, c'est-à-dire « papa », une expression que l'on ose peu utiliser à l'époque. Et Dieu *Abba* est celui qui se fait proche de son peuple et qui l'aime avec une profonde tendresse.

---

78. Étienne Charpentier, *op. cit.*, p. 110.

Chapitre 7
Un regard miséricordieux

Il est surprenant de constater que le thème de la miséricorde, central dans la Bible, soit si peu présent dans les manuels de théologie. Il est seulement traité sous l'angle d'un attribut lié à Dieu. Sœur Faustina Kowalska, religieuse polonaise canonisée par le pape Jean-Paul II, le 30 avril 2000, a tout de même contribué à le propager. Le jour même de sa canonisation, la fête de la Miséricorde de Dieu a été instaurée pour l'Église universelle. Il y a eu aussi l'année sainte extraordinaire (2015-2016), le Jubilé de la miséricorde, qui a permis de célébrer le cinquantenaire de la clôture du concile Vatican II et d'en approfondir la mise en œuvre. Ces événements ont favorisé une plus grande réflexion sur la « miséricorde » – un mot parfois difficile à comprendre par plusieurs –, car ils la considèrent souvent comme une faiblesse.

On comprend l'importance de s'approprier l'origine du sens de la miséricorde. « Le mot latin *misericordia* signifie littéralement : avoir son cœur (*cor*) auprès des misérables (*miseri*) ; avoir un cœur qui bat pour les pauvres. Le mot français "miséricorde" exprime la même chose, il veut dire "sentiment par lequel la misère d'autrui touche notre cœur"[79]. » Selon ce sens étymologique, la miséricorde désigne cette attitude qui nous permet de ne pas demeurer repliés sur nous-mêmes afin de nous ouvrir à la détresse, à la pauvreté ou au malheur des autres.

Des deux côtés de la frontière

Dans son ouvrage intitulé *La maison où l'on m'attend,* René Dufay, prêtre du diocèse de Sées, utilise l'image de la frontière pour nous aider à réfléchir sur ce qui peut être un passage ou une impasse pour aller à la rencontre de l'autre, et poser sur lui un autre regard que celui qui est brouillé par les préjugés :

> On a beau la passer de plus en plus facilement, on ne s'habitue jamais tout à fait à cette réalité que constitue une frontière. Il n'y a qu'un pas à faire, un pont à traverser, une ligne symbolique

---

79. Walter Kasper, *La Miséricorde. Notion fondamentale de l'Évangile. Clé de la vie chrétienne*, Châteaudun, Béatitudes, 2015, p. 30.

à franchir : peu de chose en somme. Et pourtant, d'ici à là-bas, il y a le passage d'un mode de vie à un autre mode de vie. […]

Rien de plus facile à franchir maintenant qu'une frontière et en même temps rien de plus difficile quand ce qu'on veut accomplir n'est pas simple formalité de douane ou simple incident d'itinéraire, mais volonté de passer totalement d'un mode de vie et de pensée à un autre mode de vie et de pensée. Il faut accepter de transformer son regard, de traduire son langage, de changer ses habitudes, d'épouser une histoire autre que la sienne. Symbole, au plan historique et géographique, de tant d'autres frontières plus difficiles encore à passer : celles qui divisent des cœurs, des familles, des groupes sociaux, des églises ; celles qui séparent les pères des fils, les frères des frères, les morts des vivants. […]

Se laisser réconcilier, c'est toujours, d'une certaine manière, passer d'un côté de la porte à l'autre, c'est accepter de franchir une frontière, c'est une fois de plus se mettre en route pour quelque chose qui est un passage[80].

Par sa vie, ses paroles et ses gestes, Jésus nous invite à traverser la frontière des incompréhensions et des préjugés qui nous séparent des autres, afin d'aller vers les pauvres, les petits et les malheureux. Dans son évangile, Luc fait allusion au partage, à la patience et au pardon comme trois sujets que Jésus enseigne à ses disciples. S'arrêter au contexte du troisième évangile permet de mieux apprécier le thème du pardon de Dieu qui nous relance à vivre la miséricorde envers nos frères et sœurs. C'est ce message que nous retrouvons dans la parabole du père prodigue de son amour pour son fils perdu et retrouvé.

La parabole du père et de ses deux fils

Au chapitre 15, versets 1-3.11-32, de son évangile, Luc met le doigt sur ce qui est important dans le message de Jésus : la miséricorde. Bien que ce mot n'apparaisse pas dans la parabole du père et de ses deux fils, il n'en demeure pas moins que la

---

80. René Dufay, *La maison où l'on m'attend*, Lyon, Chalet, 1975, p. 125-126.

miséricorde décrit tout le drame qui se joue entre le père, son fils aîné qui lui est fidèle et son cadet qui court à sa perte en gaspillant son héritage.

> [1] Les publicains et les pécheurs venaient tous à Jésus pour l'écouter.
>
> [2] Les pharisiens et les scribes récriminaient contre lui : « Cet homme fait bon accueil aux pécheurs, et il mange avec eux ! »
>
> [3] Alors Jésus leur dit cette parabole : […]
>
> [11] « Un homme avait deux fils.
>
> [12] Le plus jeune dit à son père : "Père, donne-moi la part de fortune qui me revient." Et le père leur partagea ses biens.
>
> [13] Peu de jours après, le plus jeune rassembla tout ce qu'il avait, et partit pour un pays lointain où il dilapida sa fortune en menant une vie de désordre.
>
> [14] Il avait tout dépensé, quand une grande famine survint dans ce pays, et il commença à se trouver dans le besoin.

¹⁵ Il alla s'engager auprès d'un habitant de ce pays, qui l'envoya dans ses champs garder les porcs.

¹⁶ Il aurait bien voulu se remplir le ventre avec les gousses que mangeaient les porcs, mais personne ne lui donnait rien.

¹⁷ Alors il rentra en lui-même et se dit : "Combien d'ouvriers de mon père ont du pain en abondance, et moi, ici, je meurs de faim !

¹⁸ Je me lèverai, j'irai vers mon père, et je lui dirai : Père, j'ai péché contre le ciel et envers toi.

¹⁹ Je ne suis plus digne d'être appelé ton fils. Traite-moi comme l'un de tes ouvriers."

²⁰ Il se leva et s'en alla vers son père. Comme il était encore loin, son père l'aperçut et fut saisi de compassion ; il courut se jeter à son cou et le couvrit de baisers.

²¹ Le fils lui dit : "Père, j'ai péché contre le ciel et envers toi. Je ne suis plus digne d'être appelé ton fils."

[22] Mais le père dit à ses serviteurs : "Vite, apportez le plus beau vêtement pour l'habiller, mettez-lui une bague au doigt et des sandales aux pieds,

[23] allez chercher le veau gras, tuez-le, mangeons et festoyons,

[24] car mon fils que voilà était mort, et il est revenu à la vie ; il était perdu, et il est retrouvé." Et ils commencèrent à festoyer.

[25] Or le fils aîné était aux champs. Quand il revint et fut près de la maison, il entendit la musique et les danses.

[26] Appelant un des serviteurs, il s'informa de ce qui se passait.

[27] Celui-ci répondit : "Ton frère est arrivé, et ton père a tué le veau gras, parce qu'il a retrouvé ton frère en bonne santé."

[28] Alors le fils aîné se mit en colère, et il refusait d'entrer. Son père sortit le supplier.

[29] Mais il répliqua à son père : "Il y a tant d'années que je suis à ton service sans avoir jamais transgressé tes ordres, et jamais tu ne m'as donné un chevreau pour festoyer avec mes amis.

[30] Mais, quand ton fils que voilà est revenu après avoir dévoré ton bien avec des prostituées, tu as fait tuer pour lui le veau gras !"

[31] Le père répondit : "Toi, mon enfant, tu es toujours avec moi, et tout ce qui est à moi est à toi.

[32] Il fallait festoyer et se réjouir ; car ton frère que voilà était mort, et il est revenu à la vie ; il était perdu, et il est retrouvé !"

La joie du pardon

Le chapitre 15 de l'évangile de *Luc* est probablement l'un des plus commentés. Il traite des trois paraboles de la miséricorde : la brebis perdue (4-7), la pièce d'argent perdue (8-10) et le fils perdu (11-32). Dans ces récits se mêlent les thèmes de la joie et de la fête. Ces paraboles révèlent le cœur de Dieu le Père qui ressent une joie profonde à retrouver ce qui était perdu. Nous nous arrêterons plus particulièrement sur la troisième parabole, qui se présente comme un texte propre à l'évangile de *Luc*.

L'introduction du chapitre 15 située dans les trois premiers versets donne le contexte dans lequel Jésus est conduit à présenter la parabole du père et de ses deux fils. Il s'agit d'une controverse : « Les publicains et les pécheurs venaient tous à Jésus pour l'écouter » (*Lc* 15, 1). Elle rappelle celle du repas de Jésus chez Lévi, le collecteur d'impôts[81]. Dans les deux cas, on retrouve le verbe commun « récriminer » qui signifie « critiquer amèrement ». Luc l'utilise aussi dans l'épisode de Zachée[82]. Et il le fait à propos de la controverse qui précède la parabole du père et de ses deux fils : « Les pharisiens et les scribes récriminaient contre lui : "Cet homme fait bon accueil aux pécheurs, et il mange avec eux"! » (*Lc* 15, 2). À cette critique, Jésus ne répond pas directement. Il utilise plutôt l'attitude du fils aîné de la parabole pour dépeindre leur colère.

Tout en commentant cette page de l'évangile de *Luc*, j'enrichis cette méditation en me référant au magnifique tableau de Rembrandt, l'un des plus grands peintres de l'École hollandaise de l'époque baroque. Il a réalisé près de 400 peintures

---

81. Voir *Lc* 5, 27-32.
82. Voir *Lc* 19, 7.

caractérisées par la technique du clair-obscur. Vers 1668, soit peu de temps avant sa mort, Rembrandt peint l'œuvre intitulée *Le retour du fils prodigue*. Cette toile arrive à illustrer l'essentiel de la parabole : le regard miséricordieux du père qui se traduit par son accueil, sa tendresse, son pardon et sa joie.

Selon l'interprétation, on attribue divers titres à la parabole de Luc. Chacun évoque une option variée en attirant l'attention sur un aspect particulier. Par exemple, on retrouve : « le fils prodigue » qui dépense à l'excès, « le fils aîné fidèle » à la maison de son père ou « le fils récalcitrant » qui ne veut pas se réjouir du retour de son frère, « le bon père » ou « le père prodigue » qui s'avère généreux pour pardonner au fils cadet. À la lumière de ces différents titres, j'aime bien donner celui-ci à cette parabole : « Le père et ses deux fils. » Ce titre met l'accent sur le fait que chacun des personnages nous surprend par son attitude de retournement intérieur. La mise en scène se joue sur trois tableaux marqués par le lieu, l'action et la réaction du père à l'égard de ses deux fils. Le premier tableau fait état du cadet qui demande son indépendance et dilapide son héritage. Au cœur de sa misère, il décide de retourner vers son père. Le deuxième montre l'amour généreux du père qui vient au-devant de son fils perdu et retrouvé. Son accueil inconditionnel en dit long sur son pardon généreux. Le troisième fait découvrir la fidélité du fils aîné. Son sens du devoir ne peut tolérer l'accueil que son père réserve à son frère cadet. Sa réaction révèle sa colère et sa jalousie. Arrêtons-nous à chacun des épisodes de ce drame.

Un fils décide de quitter son père. C'est le plus jeune des deux. Il ose demander sa part d'héritage à son père :

> Demander « sa part » (d'héritage), comme fait le plus jeune fils, n'est-ce pas tuer son père ? Seuls les morts laissent un héritage à partager. Quitter son père, refuser d'être fils, confondre l'indépendance et la liberté, « rassembler son avoir » pour mieux perdre son être, n'est-ce pas le drame de toute vie ? Le père ne dit rien, il laisse son fils libre. Il l'aime trop pour s'opposer à sa volonté, car on ne peut contraindre à aimer : il donne à son fils ce qu'il demande et le laisse s'éloigner[83].

Dans la parabole, le plus jeune fils dit : « Père, donne-moi la part de fortune qui me revient » (*Lc* 15, 12). Comme si son père était mort. Erreur ! C'est plutôt le fils cadet qui est comme mort ou à tout le moins perdu par la décision néfaste qu'il prend. Il s'en va. Il dépense tout son bien et « mène une vie de

---

83. Pierre Dumoulin, *Luc. L'évangile de la joie*, Châteaudun, Béatitudes, 2013, p. 175.

désordre » (*Lc* 15, 13). Loin de son père, il se fait serviteur en raison de la misère qui sévit dans le pays où il se trouve. Et il ne travaille pas auprès des paysans, mais des porcs. Quelle humiliation ! « Il aurait bien voulu se remplir le ventre avec les gousses que mangeaient les porcs, mais personne ne lui donnait rien » (*Lc* 15, 16). C'est là qu'il fait l'expérience d'être au plus profond de l'abîme. Une grande détresse s'empare de lui. « Alors il rentra en lui-même [...] » (*Lc* 15, 17). La faim et la souffrance opèrent en lui un grand fracas à tel point que dans sa perdition, le seul recours qu'il lui reste, c'est de rentrer en lui-même. Au fond de son être, il prend conscience de sa grande misère. Son regard intérieur le plonge au fond de lui-même : « Combien d'ouvriers de mon père ont du pain en abondance, et moi, ici, je meurs de faim ! » (*Lc* 15, 17). Loin de son père, il prend conscience que son bonheur n'est plus à portée de main. Il a tout perdu : son lien avec son père et sa joie de vivre.

Tout à coup, un revirement s'opère dans le cœur du fils cadet : « Je me lèverai, j'irai vers mon père » (*Lc* 15, 18), pense-t-il. Le fils a dans la bouche les mots de sa faute, et il s'accuse : « Père, j'ai péché contre le ciel et envers toi. Je ne suis plus digne d'être appelé ton fils. Traite-moi comme l'un de tes ouvriers » (*Lc* 15, 18-19). A-t-il la force d'un tel aveu ? C'est passablement plus difficile que de demander sa part d'héritage... Mais son désir se concrétise en actes : « Il se leva et s'en alla vers son père » (*Lc* 15, 20). Lui qui était couché, réfléchissant à son destin sans issue, presque mort de faim et de fatigue, il se lève et retrouve la position du vivant.

Le deuxième tableau de la parabole fait apparaître une scène touchante : « Comme le fils était encore loin, son père l'aperçut et fut saisi de compassion […] » (*Lc* 15, 20). Le regard du père est plein de miséricorde. Celui-ci a probablement souffert de l'absence de son fils. Et tout passe dans son regard : la peine, l'inquiétude, l'attente. « Il a tellement scruté l'horizon et guetté son fils qu'il en est devenu aveugle. Mais son cœur, rempli d'espérance et de confiance, lui a permis de voir, de devancer la rencontre et même de bondir[84] ». Le fils a beau s'accuser : « Père, j'ai péché contre le ciel et envers toi. Je ne suis plus digne d'être appelé ton fils » (*Lc* 15, 21), le père n'a pas l'air d'écouter. L'accueil du père est réellement prodigue : « Il courut se jeter à son cou et le couvrit de baisers » (*Lc* 15, 20). Il enveloppe son fils de son amour avant qu'il ne parle davantage. Pas besoin de pardon puisque les bras du père le submergent de miséricorde.

Rembrandt a bien illustré ce retour du fils cadet accueilli dans les bras de son père. Sa toile montre la poitrine du père sur laquelle une tête repose dans l'abandon, la paix et la confiance.

---

84. *Ibid.*, p. 177.

C'est celle du fils perdu et retrouvé. Un petit sourire tendre s'esquisse sur le visage du cadet. J'ai beau regarder attentivement les autres personnages de l'œuvre, Rembrandt ne nous montre pas la mère. Où est-elle ? L'artiste hollandais répond avec sagesse par un détail qu'il a peint et qui montre le père accueillant son fils, ses mains déposées sur ses épaules : l'une masculine et l'autre féminine. Il nous apprend par son art que Dieu est Père et Mère. Et le prophète Isaïe l'affirme : « Comme un enfant que sa mère console, ainsi, je vous consolerai » (*Is* 66, 13), dit Dieu. Et le père rend toute sa dignité à son fils retrouvé en interpellant ses serviteurs : « Vite, apportez le plus beau vêtement pour l'habiller, mettez-lui une bague au doigt et des sandales aux pieds […] » (*Lc* 15,22). En regardant les pieds du fils cadet peints par Rembrandt, on voit une sandale tombée, perdue comme pour signifier la vie de perdition. L'autre usée nous laisse apercevoir le talon meurtri qui fait penser à toute la souffrance vécue par le fils et à ses efforts pour revenir vers son père. Les chaussures apportées par le serviteur viennent marquer l'entrée du fils dans une vie nouvelle. C'est pourquoi le père n'hésite pas à dire : « Car mon fils que voilà était mort, et il est revenu à la vie ; il était perdu, et il est retrouvé » (*Lc* 15, 24). Alors, le père donne l'ordre de faire la fête !

Et voilà que le fils aîné intervient. Rembrandt nous le présente comme un personnage situé à l'extérieur de la scène des retrouvailles entre son frère et son père. Il est même dans une certaine pénombre, signe de sa colère palpable et de son incompréhension flagrante : « Il refusait d'entrer. Son père sortit pour le supplier » (Lc 15, 28). Le fils aîné, n'ayant pas fait l'expérience du pardon, ne sait pas comment pardonner. Il regarde le cadet avec mépris et dit à son père avec dédain : « Ton fils que voilà [...] » (Lc 15, 30). Et il revendique son droit : « Il y a tant d'années que je suis à ton service sans avoir jamais transgressé tes ordres, et jamais tu ne m'as donné un chevreau pour festoyer avec mes amis » (Lc 15, 29). Il crie à l'injustice ! Sa colère et sa jalousie remettent en question les motifs pour lesquels il a travaillé avec autant de ferveur pour son père. Était-ce uniquement pour obtenir une récompense ? Ou le faisait-il par amour pour lui ? Rembrandt laisse entrevoir ce questionnement dans son chef-d'œuvre qui montre le père et le fils cadet entrés dans la lumière de la miséricorde, alors que le fils aîné n'arrive pas à quitter l'obscurité de son ressentiment pour marcher vers la joie du pardon.

Le regard miséricordieux du père – il s'agit bien d'un regard attribué aussi à Jésus lorsqu'il remet les péchés – fait entrer dans la joie. D'ailleurs, tout le chapitre 15 où Luc présente les paraboles de la brebis retrouvée, de la pièce d'argent récupérée et du fils retourné chez son père provoque l'allégresse dans les cœurs. On observe neuf fois le mot « joie » ou « se réjouir » dans ce chapitre. Et pour chacune des trois paraboles de miséricorde, Jésus termine par une acclamation joyeuse. Pour la parabole du père et de ses deux fils, il le fait en ces termes : « Il fallait festoyer et se réjouir ; car ton frère que voilà était mort, et il est revenu à la vie ; il était perdu, et il est retrouvé ! » (*Lc* 15, 32). L'évangile de *Luc* nous apprend que Dieu le Père se réjouit de donner son pardon et de retrouver celui qui s'est perdu. La joie de Dieu nous attend et nous espère avec patience. Elle est bien décrite dans l'hymne du bréviaire pour la prière du matin, le samedi de la première et de la troisième semaine : « Qui donc est Dieu pour nous aimer ainsi ? Qui donc est Dieu pour se lier d'amour à parts égales ? » Ce qui illustre bien que le père de la parabole manifeste un amour généreux autant pour son fils cadet perdu et retrouvé que pour son fils aîné qui lui est demeuré fidèle.

La miséricorde au cœur de l'annonce de l'Évangile dans le monde

Dès le début de son pontificat, le pape argentin laisse transparaître sa vision de l'évangélisation : « L'Église doit être le lieu de la miséricorde gratuite, où tout le monde peut se sentir accueilli, aimé, pardonné et encouragé à vivre selon la bonne vie de l'Évangile[85]. » Ainsi, la foi ne peut se limiter au fait d'adhérer à des dogmes et de respecter des règles. C'est plutôt laisser le Seigneur nous ouvrir les yeux afin de voir le monde avec un regard renouvelé. Par sa présence aimante auprès des malheureux, des exclus et des pauvres, l'Église est appelée à faire voir à nos contemporains et contemporaines le regard miséricordieux du Christ. Elle ne le fait pas d'abord par ses paroles, mais par son agir. Une action provenant d'un cœur sensible à la misère suscite inévitablement un espace de rencontre avec son prochain et de dialogue avec lui. C'est par son accueil, son écoute, son souci de la dignité humaine, ses options pour la justice que l'Église, animée de miséricorde, devient crédible dans son annonce de l'Évangile. Dans un monde souvent marqué par de fausses images divines – je pense, entre autres, à celle du Dieu punisseur – il importe de témoigner aux hommes et aux femmes de notre temps que « le Seigneur ne se fatigue jamais de pardonner, c'est nous qui nous fatiguons de demander sa miséricorde. Celui qui nous a invités à pardonner "soixante-dix fois sept fois" (*Mt* 18, 22) nous donne l'exemple : il pardonne soixante-dix fois sept fois[86] ». Cette miséricorde divine, le pape François nous

---

85. Pape François, *op. cit.*, n° 114.
86. *Ibid.*, n° 3.

invite à la révéler dans l'accompagnement que nous prodiguons à des personnes, tout particulièrement lors de la célébration du sacrement du pardon :

> Par conséquent, sans diminuer la valeur de l'idéal évangélique, il faut accompagner avec miséricorde et patience les étapes possibles de croissance des personnes qui se construisent jour après jour. Aux prêtres, je rappelle que le confessionnal ne doit pas être une salle de torture mais le lieu de la miséricorde du Seigneur qui nous stimule à faire le bien qui est possible[87].

Certains pénitents ont malheureusement vécu une expérience décevante lors de leur rencontre avec un prêtre pour le sacrement du pardon. D'autres ont été blessés. C'est dire que l'accueil miséricordieux, lors d'une telle circonstance, s'avère très important. D'ailleurs, des baptisés ont été touchés par l'attitude bienveillante d'un prêtre et par son accompagnement adapté, au point qu'ils y ont reconnu la miséricorde de Dieu pour eux.

---

87. *Ibid.*, n° 44.

Dans notre action missionnaire, il importe d'exercer notre miséricorde auprès des personnes aux prises avec des situations de pauvreté. C'est auprès d'elles que notre cœur est appelé à devenir plus sensible à la détresse humaine :

> Pour l'Église, l'option pour les pauvres est une catégorie évangélique avant d'être culturelle, sociologique, politique ou philosophique. Dieu leur accorde « sa première miséricorde ». Inspirée par elle, l'Église a fait une option pour les pauvres, entendue comme une « forme spéciale de priorité » dans la pratique de la charité chrétienne dont témoigne toute la tradition de l'Église[88].

C'est dire toute l'importance que le pape François accorde aux personnes luttant contre la pauvreté. À notre tour, il nous invite à ne pas négliger le fait de sortir pour aller vers elles. Nous y voyons toute la pertinence d'aller vers les périphéries existentielles pour nous faire plus proches des malheureux et leur témoigner de l'Évangile par notre présence, notre solidarité et notre aide prodiguée. Une Église qui évangélise met en valeur le lien intime entre son annonce de l'Évangile et ses efforts pour l'élimination de la misère.

---

88. *Ibid.*, n° 198.

Le regard miséricordieux de Jésus posé sur moi

1. M'arrive-t-il d'être comme le fils cadet, l'enfant ingrat, qui rompt sa relation avec le Père ? Qu'est-ce qui me conduit parfois à une brisure d'amour avec Dieu ?

2. Je me surprends dans certaines occasions à vouloir prendre l'héritage des dons de Dieu, tout de suite, pour moi. Je nomme une situation où la tentation a été forte de négocier avec Dieu donnant-donnant.

3. Quel événement vécu dernièrement a été une occasion de rentrer en moi-même ? Quelle était ma faim intérieure pour trouver le bonheur ?

4. Dieu le Père se révèle comme Celui qui m'attend toujours à la maison. Je visualise un moment vécu dans ma fragilité, où Dieu court vers moi pour me prendre dans ses bras et me couvrir de baisers. Qu'est-ce qui monte en moi à cet instant même ?

5. Le fils aîné se laisse envahir par sa colère et sa jalousie. Il n'est plus le même. Il refuse d'entrer dans la fête donnée à l'occasion du retour de son frère cadet. Dans quelle circonstance est-ce que je me retrouve à envier l'autre ? Qu'est-ce qui me permet d'entrer dans la joie de mon prochain ? Comment ma participation à la mission de l'Église est-elle marquée par la joie de l'Évangile ?

Aide-moi, Seigneur, à vivre la miséricorde

Seigneur Jésus,
transforme-moi en ta Miséricorde.

Fais que mes yeux soient miséricordieux,
pour que jamais je ne juge selon les apparences
et ne soupçonne personne,
mais que je voie, dans mon prochain,
ce qu'il a de beau et que je lui sois secourable.

Fais que mes oreilles soient miséricordieuses,
toujours attentives aux besoins de mes frères et sœurs
et jamais fermées à leur appel.

Fais que ma langue soit miséricordieuse,
pour que jamais je ne dise du mal de personne,
mais que pour tous j'aie
des paroles de pardon et de réconfort.

Fais que mes mains soient miséricordieuses
et pleines de charité,
afin que je prenne sur moi tout ce qui est dur et pénible
pour alléger ainsi les fardeaux des autres.

Fais que mes pieds soient miséricordieux
et toujours prêts à courir au secours du prochain,
malgré ma fatigue et mon épuisement.
Que je me repose en servant !

Fais que mon cœur soit miséricordieux
et ouvert à toute souffrance.
Je ne le fermerai à personne,
et moi-même je m'enfermerai dans le Cœur de Jésus.
Jamais je ne dirai mot de mes propres souffrances.
Puisse ta Miséricorde se reposer en moi, Seigneur !
Transforme-moi en toi, car tu es mon Tout[89].

---

89. Sœur Faustine KOWALSKA, apôtre de la miséricorde divine et canonisée en l'an 2000 par le pape Jean-Paul II. [fr.aleteia.org/2017/10/05/la-priere-de-sainte-faustine-pour-exercer-la-misericorde/] (Site Web visité le 4 juillet 2020).

Chapitre 8
Un regard bienveillant

La bienveillance est l'aspect le plus radical de l'amour. Elle en dit à la fois la pureté, la gratuité, la liberté et l'humilité. Ces temps-ci, plusieurs ouvrages sur la bienveillance sont publiés[90]. Il s'agit d'un thème qui fait un retour en force dans les domaines du développement personnel, de l'éducation et

---

90. Lytta Basset, *Oser la bienveillance*, Paris, Albin Michel, 2014, 425 p. Fanny Britt, *Bienveillance*, Montréal, Leméac, 2012, coll. « Théâtre », 88 p. (Prix du Gouverneur général/Théâtre 2013). Françoise Dorn, *Le Petit livre de la bienveillance : ouvrez votre cœur aux autres*, Paris, First, 2019, 160 p. Laurence Dudek, *Une éducation bienveillante et efficace !*, Paris, First, 2018, 192 p. Reto Gwénola, *La bienveillance dans le champ scolaire*, Sherbrooke, Université de Sherbrooke (Thèse de doctorat), 2018, 385 p. Jasmin Roy, *Éloge de la bienveillance. Cultivez de saines habitudes de vie émotionnelles et relationnelles*, Neuilly-sur-Seine, Michel Lafond, 2018, 224 p. Patrick Sébastien, *Et si on était bienveillant*, Paris, Éditions XO, 2018, 352 p. Didier Van Cauwelaert, *La bienveillance est une arme absolue*, Lobservato, 2019, 286 p.

de la littérature. Cela montre jusqu'à quel point la bienveillance influence la qualité de nos relations interpersonnelles, familiales, amicales et professionnelles.

L'origine du mot « bienveillance » vient du latin *volere* qui signifie « vouloir ». C'est la capacité de vouloir du bien aux autres. Être bienveillant conduit à démontrer de la gentillesse, de la bonté, de la sympathie et de l'attention à une personne. Autrement dit, la bienveillance caractérise l'ardeur à répandre le bien autour de soi. C'est aussi un fruit de l'Esprit Saint, tel que mentionné par saint Paul aux Galates[91]. Celui ou celle qui fait fructifier la bienveillance ne peut la cacher dans ses yeux.

Pas de jugement, juste un regard bienveillant

Il arrive parfois dans la vie qu'un événement soit l'amorce d'un cheminement intérieur. Dieu nous parle par certaines expériences. C'est son langage. Il nous fait signe non par des mots, mais par sa présence qui se révèle dans un sentiment intérieur de paix, de plénitude, de force. Écrivain français à succès, Éric-Emmanuel Schmitt, né en 1960, voit sa vie bouleversée par sa rencontre avec l'indicible lors d'un événement inattendu dans le désert du Hoggar, au sud de l'Algérie :

---

91. Voir *Ga* 5, 22.

J'avais 28 ans. J'étais parti marcher dix jours avec un groupe pour un « voyage d'aventure ». Le périple se faisait entre Tamanrasset et l'Assekrem, où Charles de Foucauld avait son ermitage, sur les hauts plateaux du Hoggar, dans le Sahara. Je venais à l'époque d'écrire un film de fiction autour de ce religieux ermite qui me fascinait. Le huitième jour, notre groupe s'est divisé au pied du mont Tahat. Seuls certains d'entre nous ont fait l'ascension. Arrivé là-haut, je me souviens avoir été ébloui par la splendeur du désert. Reposé et rassasié, je me suis redressé et, oubliant que je n'avais aucun sens de l'orientation, je me suis mis à dévaler les pentes de gravier, de pierre. Sans jamais me demander si j'étais sur le bon chemin, sans jamais me retourner pour savoir si mes camarades suivaient. Rien, j'ai dévalé à toute vitesse pendant des heures. Arrivé en bas, je n'ai plus retrouvé le bivouac : j'avais descendu le versant ouest au lieu du versant est. Je me suis retrouvé sans rien à boire ni manger. La nuit est tombée, le froid aussi.

J'ai pensé que mon corps ne tiendrait pas plus de trois jours ainsi. C'est dans cet état que je me suis allongé et que j'ai enterré mon corps dans le sable, pour avoir chaud. Je me suis souvenu de cette technique évoquée dans *Archives du nord*, de Marguerite Yourcenar. Je m'attendais à avoir très peur. Soudain, j'ai eu le sentiment que mon corps se dédoublait : l'un est resté dans le sable avec la faim, le froid et la douleur. L'autre est sorti, appelé par une force. J'ai eu l'impression d'échapper non seulement à la pesanteur, mais aussi au temps et à l'espace. J'ai rejoint une harmonie et une plénitude hors du temps. À ce moment, une paix intérieure m'envahit. Cette force continue de m'attirer, de m'appeler. Et je m'y fonds. C'est là que la métaphore du feu fait sens. Je brûle et je me consume dans ce feu. Mais quelque temps plus tard, cette force qui m'avait arraché au sol m'a remis dans mon corps, mes douleurs, ma soif et ma faim. […]

Le jour s'est levé. J'ai compris en voyant pointer le soleil que j'étais du mauvais côté de la montagne. Ça a été une escalade en ligne droite de plusieurs heures. Puis, j'ai aperçu au loin l'oued, le banc de sable où nous avions laissé les chameaux. Lorsque le guide m'a vu arriver, il est allé à ma rencontre et m'a serré dans ses bras, dans un immense soulagement. C'est là que ma nuit est devenue un secret. J'ai mis du temps à l'écrire, car il fallait que je trouve les mots. Il a fallu que je renverse tout l'athéisme que j'avais en moi pour adopter une philosophie de croyant. Une révélation, c'est une révolution. D'une philosophie du mystère, condamné à la métaphore, à la poésie, car les mots n'ont pas été créés pour dire Dieu. Tous les mots sont inadéquats. […]

En rentrant, je me suis mis à lire les grands textes mystiques de toutes les époques. […] Le christianisme m'est apparu plus tard comme la vérité de cette nuit de feu dans le désert. En lisant les quatre évangiles, j'ai été bouleversé par la seule nécessité de l'amour. […]

Les valeurs de ma famille, c'était la laïcisation du christianisme. On vivait, comme l'a dit André Comte-Sponville, non pas dans la foi mais dans la fidélité. J'aime beaucoup cette observation. Les valeurs sans la foi. Mais cette confiance intense que j'ai dans la condition humaine est née de cette nuit-là. Pas de jugement, pas de leçon, juste un regard bienveillant. Car la bienveillance est une des plus grandes vertus[92]. […]

C'est au cœur d'une nuit vécue au Sahara qu'Éric-Emmanuel Schmitt vit un grand basculement intérieur. Et Dieu ne s'impose pas à lui, il n'entre pas par effraction, il pose simplement son regard bienveillant sur lui. Chose certaine, cette rencontre le change profondément. Il a fallu qu'il se perde pour se trouver, pour trouver Dieu !

La conversion de Zachée

En parcourant les pages de l'évangile de *Luc*, nous découvrons un autre récit qui nous rapporte que Jésus « est venu chercher ce qui était perdu » (*Lc* 19, 10). Il le fait avec détermination et douceur lors de sa rencontre avec Zachée, le publicain (*Lc* 19, 1-10).

> [1] Entré dans la ville de Jéricho, Jésus la traversait.

---

[92]. Éric-Emmanuel Schmitt, « La lumière de Dieu m'a inondé et est restée en moi. Entretien avec Fanny Cheyrou », *Panorama*, 2016, 527, p. 11-16. Voir *La nuit de feu*, Paris, Albin Michel, 2015, 183 p.

² Or, il y avait un homme du nom de Zachée ; il était le chef des collecteurs d'impôts, et c'était quelqu'un de riche.

³ Il cherchait à voir qui était Jésus, mais il ne le pouvait pas à cause de la foule, car il était de petite taille.

⁴ Il courut donc en avant et grimpa sur un sycomore pour voir Jésus qui allait passer par là.

⁵ Arrivé à cet endroit, Jésus leva les yeux et lui dit : « Zachée, descends vite : aujourd'hui il faut que j'aille demeurer dans ta maison. »

⁶ Vite, il descendit et reçut Jésus avec joie.

⁷ Voyant cela, tous récriminaient : « Il est allé loger chez un homme qui est un pécheur. »

⁸ Zachée, debout, s'adressa au Seigneur : « Voici, Seigneur : je fais don aux pauvres de la moitié de mes biens, et si j'ai fait du tort à quelqu'un, je vais lui rendre quatre fois plus."

⁹ Alors Jésus dit à son sujet : « Aujourd'hui, le salut est arrivé pour cette maison, car lui aussi est un fils d'Abraham.

¹⁰ En effet, le Fils de l'homme est venu chercher et sauver ce qui était perdu. »

Au cours de cette rencontre avec Jésus, Zachée s'est mis en route pour changer sa vie. Un moment décisif ! Ce qui l'interpelle, lorsqu'il se trouve perché sur un sycomore, c'est la parole et le regard bienveillants de Jésus.

Un festival de regards

Nous venons de lire le très bel épisode de Zachée. Il s'agit d'un récit propre à Luc (19, 1-10). La scène se passe à Jéricho, ville située au pied des montagnes, et pas loin du fleuve Jourdain. Parmi les principaux personnages, Luc met en scène Zachée, un chef des collecteurs d'impôts et, par le fait même, un publicain riche. L'évangéliste lui fait rencontrer Jésus qui passe par là. Il y a aussi la foule qui accompagne une partie de la montée de Jésus vers Jérusalem. Dans cette page de son évangile, Luc met en lumière un festival de regards. Zachée monte sur un sycomore pour « voir » Jésus. Ce dernier « lève les yeux pour apercevoir » Zachée et l'interpeller. Puis, « voyant » ce qui se passe, la foule récrimine contre le choix de Jésus d'aller visiter le publicain chez lui.

Nous prendrons le temps d'examiner de plus près ces regards. Pour nous aider à le faire, Luc présente son récit en quatre étapes : la démarche de Zachée cherchant à voir l'homme de Nazareth ; l'initiative de Jésus de se rendre chez le chef des collecteurs d'impôts ; la réprobation de l'entourage et la conversion du publicain. Ce récit, je l'ai souvent utilisé lors de camps de jour, l'été, où j'animais avec une équipe un parcours de formation à la vie chrétienne pour des enfants. Ceux-ci aiment beaucoup la figure de Zachée. Il est petit. Et il aime grimper aux arbres. Et son histoire se prête bien à un chant interprété avec une gestuelle. Ce récit fait appel à notre cœur d'enfant.

Le texte évangélique présente d'abord Zachée, un homme qui n'est pas grand : « Il cherchait à voir qui était Jésus, mais il ne le pouvait pas à cause de la foule, car il était de petite taille » (*Lc* 10, 3). J'aime beaucoup ce passage qui montre ce publicain qui « cherche à voir » Jésus. Tout porte à penser que Zachée a entendu parler de Jésus. On lui dit que celui-ci a un grand succès auprès des foules. Il guérit des malades, rend la vie à une jeune fille morte et redonne la vue aux aveugles. Zachée a possiblement entendu des gens lui parler de ses enseignements qui invitent à un changement de vie. Curieux autant qu'en recherche de paroles réconfortantes du maître, Zachée a envie de le voir. Mais un problème se pose, il est petit. À cause de la foule, il risque de ne pas apercevoir Jésus.

« Il courut donc en avant et grimpa sur un sycomore pour voir Jésus qui allait passer par là » (*Lc* 19, 4). Zachée est prêt à tout pour voir celui qui vient à sa rencontre. Grimper dans un arbre, ce n'est pas toujours facile. Mais voilà que le désir « de voir qui est Jésus » habite si fort Zachée que, perdant toute sa retenue, il retrouve son agilité juvénile, et une force intérieure le pousse à se percher sur un sycomore. Depuis là-haut, il peut voir au-dessus des têtes Jésus qui vient vers lui.

« Arrivé à cet endroit, Jésus leva les yeux et lui dit : "Zachée, descends vite : aujourd'hui il faut que j'aille demeurer dans ta maison" » (*Lc* 19, 5). Au moment où Zachée cherche à voir Jésus, c'est le maître qui prend l'initiative décisive d'interpeller le petit publicain pour aller chez lui. Jésus s'invite chez un étranger ; pire encore, chez un collecteur d'impôts. L'attitude de Jésus peut surprendre. Pourtant en levant les yeux vers Zachée, c'est toute la bienveillance de Jésus qui se reflète dans son regard. Zachée n'est pas jugé ou condamné par Jésus, bien au contraire, il est aimé tel qu'il est. Déjà, Jésus lui manifeste qu'il veut son bien. Et la réponse de Zachée ne se fait pas attendre : « Vite, il descendit et reçut Jésus avec joie » (*Lc* 19, 6). Nous ne savons rien de la discussion de Zachée et de Jésus en route, mais l'évangile révèle la joie qui habite le cœur de l'hôte. Nous pouvons y voir une relation de confiance qui s'établit entre Jésus et le publicain.

Enfin, nous retrouvons un troisième regard. Ce n'est plus, à présent, celui des scribes et des pharisiens qui s'insurgent, mais plutôt celui des gens rassemblés en foule : « Voyant cela, tous récriminaient : "Il est allé loger chez un homme qui est un pécheur" » (*Lc* 19, 7). Leur regard est à la fois critique et sévère. Ils ne peuvent voir le cœur de Zachée ni celui de Jésus. Ils identifient ce publicain à un exploiteur. En effet, au temps de Jésus, les préjugés à propos des collecteurs d'impôts sautent aux yeux. Zachée, pour sa part, n'est pas simplement l'un d'entre eux, mais bien leur chef. Cette fonction de publicain n'a pas bonne renommée. Pourquoi ? C'est que l'administration romaine doit financer ses activités afin que le pays soit bien géré. Évidemment, cela demande un prix à payer. C'est ainsi que les Juifs qui ont un commerce, des terrains, des troupeaux, des vignes, participent aux charges collectives en payant leurs impôts. Le publicain ramasse les sommes d'argent, s'en garde une partie pour subsister, puis remet le reste aux Romains. Il est perçu comme l'un de leurs collaborateurs. De plus, la tentation est grande de garder plus d'argent que prévu pour lui. Alors, il s'enrichit aux dépens de ses compatriotes. C'est pourquoi il est perçu comme un riche qui profite des autres, ce qui lui rend l'entrée du Royaume particulièrement difficile[93]. C'est un homme de mauvaise

---

93. Voir, par exemple, le récit du riche notable qui n'a pu suivre Jésus en raison de sa prospérité matérielle (*Lc* 18, 24-25 et *Mc* 10, 23-25).

réputation, un pécheur. Aussi, la foule voit-elle d'un mauvais œil le fait que Jésus se rende visiter Zachée, le chef des collecteurs d'impôts. Mais, aux yeux de Jésus, Zachée vaut plus que ce que la foule en dit. Et si Jésus choisit d'aller à la maison de Zachée, ce n'est pas pour profiter de sa richesse. Il y va plutôt pour ranimer chez Zachée l'espérance qu'il est aimé de Dieu et qu'il a du prix à ses yeux, car « le Fils de l'homme est venu chercher et sauver ce qui était perdu » (*Lc* 19, 10).

Le récit se poursuit avec la dernière étape de la mise en scène : la conversion de Zachée. On retrouve ici le « faible » de l'évangéliste Luc pour le petit, le pécheur, le publicain en qui Jésus ne désespère pas. Sa patience et son accueil touchent le cœur de son interlocuteur au point qu'il se tourne vers Dieu et choisit de changer sa vie en actes et en paroles : « Voici, Seigneur : je fais don aux pauvres de la moitié de mes biens, et si j'ai fait du tort à quelqu'un, je vais lui rendre quatre fois plus » (*Lc* 19, 8). Zachée, se sachant aimé par Jésus, entre à son tour dans le monde de l'amour. Il ne voit plus les gens de la même façon ni ses comportements à leur endroit. Il pose un regard lucide sur sa manière inappropriée de se comporter envers les habitants de Jéricho. Il se perçoit comme l'offenseur qui a fait souffrir inutilement des familles ou des individus victimes de ses abus sur le gain des impôts. Le regard de

Jésus a touché son cœur, et Zachée voit le tort qu'il a fait. Il veut réparer ses fautes. Il entre dans un mouvement de justice réparatrice :

> Dans certains cas, dans le mouvement de la justice réparatrice, une forme de communication s'établit entre la victime et l'offenseur. La victime parfois arrive à dire sa douleur. Ce n'est pas encore le pardon, qui viendra longtemps plus tard, mais c'est déjà une ouverture. L'offenseur de son côté comprend peu à peu le mal qu'il a causé. Esclave de ses besoins et de ses pulsions, il ne pensait qu'à lui-même, à assouvir sa soif d'argent ou de violence. Et tout à coup, il comprend la dimension interpersonnelle de son action, il entrevoit la souffrance de sa victime et apprend à mieux assumer sa responsabilité. Zachée perçoit cela d'un coup, et le récit montre bien l'ampleur de son retournement, de sa conversion. Zachée compensera les gens qu'il a roulés[94].

---

94. André BEAUCHAMP, *Comprendre la Parole. Commentaires bibliques des dimanches année C*, Ottawa, Novalis, 2006, p. 508-509.

En se laissant transformer par Jésus, Zachée ne se situe pas parmi les « grands parleurs, petits faiseurs ». Au contraire, il s'engage à poser des gestes concrets pour remettre sa vie sur le droit chemin en choisissant de partager et de donner davantage à celui qu'il a volé. Comme le note André Beauchamp, prêtre et théologien québécois, « il montre dans son agir, dans son comportement moral qu'il a saisi tout le retentissement de sa conversion. Car on ne peut se retourner vers Dieu sans aussi changer son regard et ses gestes à l'égard d'autrui[95] ». La conversion de Zachée conduit Jésus à affirmer : « Aujourd'hui, le salut est entré pour cette maison, car lui aussi est un fils d'Abraham » (*Lc* 19, 9). Une autre fois dans ce récit, Jésus s'exprime en utilisant le mot « aujourd'hui[96] ». Il s'agit bien de « l'aujourd'hui » de la grâce de Dieu. Cette finale du « récit constitue une somme, un salut tellement éclatant, une joyeuse nouvelle tellement vivante, que les témoins seront persuadés que la montée à Jérusalem est le triomphe final, et que le Royaume de Dieu va soudain apparaître[97] ». Cette idée se retrouve immédiatement après le récit de la conversion de Zachée, soit au début de la parabole des dix mines : « Comme on l'écoutait, Jésus ajouta une parabole :

---

95. *Ibid.*, p. 509.
96. Voir *Lc* 19, 5.
97. Philippe Bossuyt et Jean Radermakers, *Jésus Parole de la Grâce selon saint Luc*, Bruxelles, Institut d'études théologiques, 1984, p. 412.

il était près de Jérusalem et ses auditeurs pensaient que le royaume de Dieu allait se manifester à l'instant même » (*Lc* 19, 11).

Zachée entre dans la joie lorsqu'il accepte d'accueillir Jésus chez lui et de changer sa vie. Quel Zachée sommes-nous pour toi, Seigneur ? Quelle conversion attends-tu de nous ? Que viens-tu chercher en nous qui semblons être perdus ? Aujourd'hui, le Seigneur nous fait signe. Il nous appelle par notre prénom, il désire habiter dans le secret de nos cœurs. Préparons-lui sa demeure et recevons-le avec joie !

Le disciple-missionnaire transformé sous le regard bienveillant du Christ

Si nous répondons à l'appel de notre baptême de devenir « disciples du Christ » et à celui de notre confirmation d'aller vers les autres comme « missionnaires de l'Évangile », c'est que nous avons été transformés, un jour, par une rencontre personnelle avec le Christ. Tout disciple-missionnaire s'appuie sur sa relation avec le Seigneur dans laquelle il se sent aimé par lui. Touché par son regard bienveillant l'inspirant à vivre une conversion missionnaire, il saisit l'importance d'être avec d'autres une Église en sortie pour témoigner aux gens que Dieu veut leur bien, qu'il les aime d'un amour de bienveillance, qu'il veut leur bonheur.

Le pape François a souligné comment Jésus précède Zachée qui désire en quelque sorte voir sans être vu, car « les limites, les péchés, la honte, les médisances et les préjugés : aucun obstacle ne fait oublier à Jésus l'essentiel, l'homme à aimer et à sauver[98] ». Le pape a invité les catholiques du diocèse d'Albano, situé tout près de Rome, à agir de même, en se laissant regarder par le Christ, à se laisser « miséricordier » par lui :

> Si, comme Zachée, tu es en train de chercher un sens à ta vie, mais que, ne le trouvant pas, tu es en train de plonger dans des substituts de l'amour – comme les richesses, la carrière, le plaisir, une dépendance quelconque –, laisse-toi regarder par Jésus. Ce n'est qu'avec Jésus que tu découvriras que tu es aimé depuis toujours, et tu feras la découverte de ta vie. Tu te sentiras touché de l'intérieur par la tendresse invincible de Dieu, qui bouleverse le cœur et le met en mouvement[99].

---

98. Pape François, *Homélie à Albano : sentir le regard de Jésus pour pouvoir faire miséricorde*, Rome, 21 septembre 2019, Vatican Media, p. 3.
99. *Ibid.*

Se laisser regarder par Jésus… Prenons-nous le temps de nous déposer tel que nous sommes sous le regard bienveillant du Christ ? Zachée peut nous inspirer de le faire. Cela a transformé son existence au point qu'il a voulu répandre le bien autour de lui en partageant avec les pauvres et avec ceux à qui il avait causé du tort. Lorsque la croix se lève dans nos vies, que les doutes persistent, que les difficultés nous inquiètent, que la peur nous paralyse et nous empêche de proclamer partout l'Évangile, le regard bienveillant de Jésus peut nous mettre en confiance. Nous le trouvons en méditant certains récits bibliques qui présentent Jésus allant vers les petits, les pauvres et les malheureux. Nous l'apercevons aussi dans les yeux de ceux et celles qui se dévouent pour servir leurs frères et sœurs dans le besoin, qui posent des gestes de solidarité envers les populations des pays du Sud, qui prennent des options pour la justice.

Le regard bienveillant de Jésus posé sur moi

1. « Zachée cherchait à voir qui était Jésus » (*Lc* 19, 3). Comment est-ce que je vis ma recherche de Dieu ?

2. « Jésus leva les yeux et interpella Zachée […] » (*Lc* 19, 5). Comment le regard de Jésus posé sur Zachée m'interpelle-t-il ? Encore aujourd'hui, le Seigneur pose son regard bienveillant sur moi. Lorsque je pense

à Zachée, ai-je autant envie de voir le Seigneur ? Que puis-je faire pour le trouver ? Ces derniers jours, puis-je identifier un geste bienveillant que j'ai posé ou dont j'ai été témoin et par lequel Jésus Christ m'a fait signe ? Qu'est-ce qui s'est passé en moi ?

3. Jésus dit : « Zachée, descends vite : aujourd'hui il faut que j'aille demeurer dans ta maison » (*Lc* 19, 5). De quelle manière puis-je lâcher prise pour quitter l'arbre de mes sécurités ? Si le Christ demeure en moi, c'est aussi pour me faire descendre de mon arbre. Comment est-ce que je l'accueille dans la maison de mon cœur ? Qu'est-ce qui montre que j'accepte de partager ma vie avec lui ?

4. « Je fais don aux pauvres » (*Lc* 19, 8), affirme Zachée. Quelle place le partage occupe-t-il dans ma vie ? De quelle manière est-ce que j'accepte de faire un don aux personnes qui luttent contre la pauvreté ou à un organisme de solidarité internationale, de partager mon temps, d'offrir mes talents ?

« Aujourd'hui, le salut est arrivé pour cette maison [...] » (*Lc* 19, 9), conclut Jésus au sujet de Zachée. Quel est le signe du salut que mes yeux ont pu voir au cours de cette journée ? Je prends le temps d'en rendre grâce au Seigneur.

La rencontre de Zachée

Rendons grâce au Seigneur
de tous les rendez-vous inattendus.
Nous te rendons grâce pour l'amour si vaste
dont tu nous entoures,
un amour dont nous n'avons pas d'autres signes
que l'amour qui nous est donné,
cet émerveillement de nos vies,
où nous puisons la force d'exister
et d'aimer en retour.

Tu nous dis aujourd'hui que même Zachée,
cet homme détesté pour sa dureté,
cet homme rapace et cupide,
au simple regard de Jésus,
à la surprise générale, se retourne totalement
et devient le gars le plus charitable de la ville.
Il est aimé de toi.

Zachée est devenu pour nous, depuis deux mille ans,
le signe de ton amour sans limites.
Par lui, tu nous redis aujourd'hui
que chacun est le lieu d'une possible révélation de toi,
un possible témoin original, particulier. […]

Seigneur Jésus, tu as été, dans l'histoire humaine,
la manifestation suprême de Dieu.
Tu en as vécu d'une telle intensité
que ta lumière rejaillissait sur chacun,
sur tous les Zachée de la terre,
sur tous les petits Zachée que nous sommes. [...]

Apprends-nous à être plus humains,
pour révéler quelque chose de Dieu,
même à travers nos limites et nos insuffisances.
Apprends-nous à voir dans chaque personne,
au-delà des vicissitudes de son existence,
une part de la recherche de toi,
un apport possible à la révélation de toi[100]. [...]

---

100. Paul Tremblay, *Prières au gré des jours*, Ottawa, Novalis, 2007, p. 101-103.

Chapitre 9
Un regard tendre

Regarder le monde, la ville, les gens avec le regard tendre de Jésus Christ, c'est accepter de voir autrement nos contemporains et nos contemporaines. Cela veut dire de ne pas s'arrêter aux apparences et aux préjugés. Ainsi, nos yeux reflètent-ils une affection véritable envers les autres, qui se manifeste aussi par notre présence accueillante, notre parole réconfortante, notre geste doux et notre attention délicate.

La réponse qu'apporte le regard tendre de Jésus Christ aux questions qui nous tracassent dans la vie est celle-ci : nous avons du prix aux yeux de Dieu, peu importe nos fragilités, nos égarements, nos défis et nos problèmes. C'est aussi vrai malgré nos hésitations à aimer l'autre tel qu'il est. Laisser s'imprimer en nous le regard tendre de Dieu tel qu'il s'est révélé en Jésus Christ nous inspire afin d'avancer sur le chemin de notre vie avec plus de confiance et d'amour envers notre prochain. Alors, il devient plus facile de le voir avec les yeux du cœur. Se laisser transformer par le regard tendre de Jésus, c'est accepter d'exprimer notre tendresse par des actes concrets.

Des mains de tendresse

Je ne peux oublier ces funérailles très touchantes que j'ai présidées à l'église Immaculée-Conception, à Rouyn-Noranda. Une femme est décédée. Pour plusieurs qui l'ont connue, c'est comme une porte qui se ferme... Mais se peut-il que ce soit plutôt un passage qui s'ouvre vers une autre expression d'amour ? La famille endeuillée, après avoir nommé sa peine, choisit d'emprunter ce passage d'espérance lors de la célébration à l'église paroissiale. Et pour rappeler qu'il y a des liens d'amitié et d'amour qui ont un parfum d'éternité, elle m'avait préalablement demandé de poser un geste lors du dernier adieu afin d'exprimer son affection à celle qui était rentrée chez Dieu. Un geste simple : toucher l'urne cinéraire. Sensible à cette demande, j'accepte de l'intégrer dans la liturgie des funérailles.

En me préparant à cette célébration, je n'ai pu faire autrement que de penser au geste proposé par la famille endeuillée et de méditer sur le sens de nos mains. Dans le quotidien, nous utilisons souvent nos mains pour exprimer nos sentiments envers nos proches et amis ou pour passer à l'action dans notre travail. Il y a nos mains qui caressent en signe de tendresse ; nos mains qui soutiennent dans un esprit de réconfort ; nos mains qui travaillent pour le bien commun ; nos mains qui soignent en vue d'une guérison. Mais il y a plus encore. Tendre la main à une personne, c'est vouloir se faire proche d'elle pour lui exprimer notre affection.

Arrive le jour des funérailles, où je me sens habité par cette méditation sur les mains. Après le dernier adieu, à la demande de la famille donc, je pose ma main sur l'urne de la défunte pour la confier à la tendresse de Dieu. Puis, les gens de l'assemblée s'approchent également tout près du dernier signe de la présence de celle qu'ils ont tant aimée. De retour à ma place, je vois les membres de la famille et les amis avancer par l'allée centrale de l'église. Tout à coup, j'aperçois la petite main d'un bébé qui, pleine de vie, cherche sans succès à prendre l'urne. Son geste en dit long sur le fait que nous n'avons pas de prise sur le moment du grand départ. Il y a aussi cet homme qui porte sa main à ses lèvres pour la déposer ensuite sur l'urne. Ce baiser tendre montre que l'amour est plus fort que la mort, et que des liens nous unissent toujours avec les personnes qui nous ont précédés dans l'au-delà. Enfin, une dame âgée met sa main ridée et tremblante sur le marbre froid. Son pouce caresse l'urne. Cette expression de tendresse témoigne que celle qui vient de la quitter habite toujours son esprit et son cœur.

Durant sa mission en Galilée, Jésus utilise souvent ses mains pour accueillir, guérir, libérer et bénir des personnes. Aujourd'hui, il a besoin de nos mains et de nos yeux de tendresse pour éveiller les autres à son amour. Nous sommes invités à les ouvrir pour nos proches, nos voisins, nos amis et nos collègues d'étude ou de travail. Mais, surtout, il importe de le faire envers les personnes qui luttent contre la pauvreté, les étrangers, les malheureux et les malades. Merci, Seigneur, pour l'amour que nos mains et nos yeux sont appelés chaque jour à servir !

Le reniement de Pierre lors de la Passion de Jésus

Tout au long de son évangile, Luc met en lumière la miséricorde et la tendresse de Jésus. Il le souligne fortement dans le récit de la Passion du Seigneur. Il le fait, entre autres, lorsque Jésus prévient Pierre de ses reniements et l'assure de sa prière lorsque celui-ci l'aura abandonné. Cet extrait de la Passion de Luc, au chapitre 22, 54-62, se retrouve aussi dans les trois autres évangiles[101]. Mais seul Luc mentionne le regard de Jésus posé sur Pierre après son troisième reniement :

> [54] [Au mont des Oliviers], s'étant saisis de Jésus, ils l'emmenèrent et le firent entrer dans la résidence du grand prêtre. Pierre suivait à distance.
>
> [55] On avait allumé un feu au milieu de la cour, et tous étaient assis là. Pierre vint s'asseoir au milieu d'eux.
>
> [56] Une jeune servante le vit assis près du feu ; elle le dévisagea et dit : « Celui-là aussi était avec lui. »
>
> [57] Mais il nia : « Non, je ne le connais pas. »
>
> [58] Peu après, un autre dit en le voyant : « Toi aussi, tu es l'un d'entre eux. » Pierre répondit : « Non, je ne le suis pas. »
>
> [59] Environ une heure plus tard, un autre insistait avec force : « C'est tout à fait sûr ! Celui-là était avec lui, et d'ailleurs il est Galiléen. »

---

101. Voir *Mt* 26, 69-75; *Mc* 14, 66-72; *Jn* 18, 12-27.

⁶⁰ Pierre répondit : « Je ne sais pas ce que tu veux dire. » Et à l'instant même, comme il parlait encore, un coq chanta.

⁶¹ Le Seigneur, se retournant, posa son regard sur Pierre. Alors Pierre se souvint de la parole que le Seigneur lui avait dite : « Avant que le coq chante aujourd'hui, tu m'auras renié trois fois. »

⁶² Il sortit et, dehors, pleura amèrement.

Alors que Pierre est disposé à tout perdre pour Jésus, voilà qu'il se perd lui-même en reniant son ami qui vit ses moments les plus difficiles. Se peut-il que le reniement de Pierre soit la plus grande souffrance de Jésus ? Le regard tendre de Jésus posé sur Pierre semble donner une réponse… Pierre y voit, malgré sa trahison et la souffrance de Jésus, le pardon qui lui est accordé. Pierre ne pourra oublier un tel regard d'affection posé sur lui.

Le regard tendre de Jésus posé sur Pierre

Jésus est amené à la maison du grand prêtre. Il s'agit probablement du palais de Hanne[102], l'ancien grand prêtre dont l'influence s'exerce à travers son gendre Caïphe, qui est alors en

---

102. Voir *Jn* 18, 13.

fonction. Dans cette section du récit de la Passion du Seigneur, sans parler de comparution ou d'interrogatoire comme en *Marc* 14, 53 – 15, 1 et en *Matthieu* 26, 57 – 27, 2, Luc centre plutôt l'attention sur l'apôtre Pierre qui, assis près du feu au milieu des gardes et des servantes, renie son maître à trois reprises.

Nous pouvons très bien nous imaginer que, après l'arrestation de Jésus, les disciples se dispersent, car ils ont peur. La crainte est grande pour eux, car le même sort subi par Jésus peut leur arriver. Et s'ils sont reconnus comme disciples de leur maître ? La fuite ne peut être que la seule solution. Dans l'extrait de la Passion de *Luc* 22, 54-62, tous fuient et disparaissent à l'exception de Pierre. L'évangile de *Luc* raconte : « Pierre suivait à distance » (*Lc* 22, 54). Le texte semble nous dire que l'apôtre n'a pas complètement abandonné son Seigneur. Que peut-il bien ressentir ? Mauro-Giuseppe Lepori, abbé général de l'ordre des Cisterciens, évoque bien ce que peuvent être les sentiments de Pierre à ce moment-là :

> Simon sentait que la peur ne l'avait pas abandonné. Mais il se répétait les promesses faites à Jésus : « Je ne te renierai pas ! Je suis prêt à aller en prison et à mourir pour toi ! Je donnerai ma vie pour toi ! » Mais plus il se redisait ses engagements, moins il trouvait le courage de les

honorer. Néanmoins, il décida de s'y tenir et se prépara à se sacrifier pour Jésus. Le premier essai avait été vain, notamment à cause de l'obscurité au mont des Oliviers, mais maintenant il ferait tout pour y arriver[103].

Fort de son désir de suivre Jésus jusqu'au bout, Pierre se faufile dans la foule et s'arrête sur le parvis du palais du grand prêtre, où Jésus est conduit. J'aime m'imaginer que Pierre se met possiblement en prière et ferme les yeux pour trouver plus de force au moment où il se sent seul dans la cour. Ayant trouvé un peu plus de calme en lui, il lève les yeux et voit qu'on « avait allumé un feu au milieu de la cour, et tous étaient assis là » (*Lc* 22, 55). Quelques gardes et des serviteurs s'y sont rassemblés, car il fait froid. Certains attendent des nouvelles au sujet du prétendu Messie qu'ils ont arrêté et mené au grand prêtre. « Pierre vint s'asseoir au milieu d'eux » (*Lc* 22, 55); lui aussi est transi. De plus, il ne veut pas attirer les regards sur lui. Bien enveloppé dans son manteau, les gardes ne le remarquent pas.

Mais une servante l'aperçoit et se demande où elle a bien pu le voir. Tout à coup, elle se rappelle que cet homme est l'un des disciples du Nazaréen. Cette « jeune servante le vit assis près

---

103. Mauro-Giuseppe Lepori, *Simon appelé Pierre*, Paris, Cerf, 2019, p. 133.

du feu ; elle le dévisagea et dit : "Celui-là aussi était avec lui" » (*Lc* 22, 56). Alors, le silence se fait autour de Pierre, et les yeux des gardes se posent sur lui. Il se sent obligé de se défendre. Il bredouille avec confusion : « Non, je ne le connais pas » (*Lc* 22, 57). Puis Pierre regarde avec mépris la servante. « De quoi se mêlait-elle ? Il n'avait de comptes à rendre à personne, encore moins à une servante commère et à ces vulgaires soldats. Il s'éloigna du groupe et se mit à se promener dans la cour pour bien montrer qu'il ne fuyait pas : simplement il n'appréciait pas leur compagnie[104]. » Pierre espère s'en sortir ainsi…

Mais, « peu après, un autre dit en le voyant : "Toi aussi, tu es l'un d'entre eux" » (*Lc* 22, 58). Rien à faire, Pierre se sent découvert. Sa réplique ne se fait pas attendre. Il dit avec force : « Non, je ne le suis pas » (*Lc* 22, 58). Dans son cœur, il sent que la peur a pris le dessus sur son mépris. Et s'il fallait que les gardes s'emparent de lui… Ce serait la fin ! Heureusement, ces derniers poursuivent leur conversation autour du feu. Pierre pense s'en être bien tiré, car les gardes échangent entre eux sur les arrestations qu'ils ont effectuées. Le calme semble de retour. Le feu crépite et dégage une lueur apaisante. Pierre se ressaisit après avoir tremblé de l'intérieur.

---

104. *Ibid.*, p. 135.

Mais ce qui devait arriver arriva : « Environ une heure plus tard, un autre insistait avec force : "C'est tout à fait sûr! Celui-là était avec lui, et d'ailleurs il est Galiléen" » (*Lc* 22, 59). Il est probable que, parmi ceux qui ont participé à l'arrestation de Jésus, certains se sont approchés de Pierre pour vérifier s'il leur était familier. Nous pouvons imaginer que Pierre a pu se sentir perdu. Sa seule issue pour s'échapper d'un possible procès était de crier : « Je ne sais pas ce que tu veux dire » (*Lc* 22, 60). Et « à ce moment précis, des dignitaires et des soldats sortirent, avec Jésus enchaîné au milieu d'eux, de sorte que, sans le vouloir, Pierre hurla son dernier reniement non pas tourné vers les têtes hargneuses et menaçantes des gardes, mais à la face de Jésus qui le fixait à son tour [105] ». Déjà, le jour se levait. Le regard tendre de Jésus rejoignit celui de Pierre dans toute sa profondeur. Le tout ne dura que quelques secondes, mais ce fut pour Pierre le moment de toute une vie :

> Le temps d'un instant – mais que dure un instant sous le regard de l'Éternel ? – tout disparut autour de Pierre. Les gardes, les servantes, la cour et le palais du grand prêtre, le feu, le froid... Tout s'évanouit. Il n'y avait rien d'autre que le regard de Jésus, et dans ce regard, à la

---

105. *Ibid.*, p. 136.

lumière de ce regard, Pierre revit tout ce qu'il avait vécu avec le Maître : le lac, la barque, la première pêche ; il entendit à nouveau les paroles du Seigneur et les siennes : « Avance au large ! » ; « Mais sur ta parole… » ; « Éloigne-toi de moi, car je suis un pécheur ! » ; « Désormais ce sont des hommes que tu prendras » ; « Tu t'appelleras Képhas » ; « Ordonne-moi de venir vers toi sur les eaux » ; « Viens ! » ; « Seigneur, sauve-moi ! » ; « Tu es le Christ, le Fils du Dieu vivant » ; « Heureux es-tu, Simon fils de Jonas… » ; « Passe derrière moi, Satan ! » ; « Maître, il est bon que nous soyons ici… » ; « Pour moi et pour toi » ; « Combien de fois devrais-je pardonner ? » ; « Seigneur, à qui irions-nous ? » ; « Tu ne me laveras pas les pieds ; non, jamais ! » ; « Je donnerai ma vie pour toi » ; « Demeurez ici et veillez avec moi » ; « Simon, tu dors ? » ; « Rentre le glaive dans le fourreau. La coupe que m'a donnée mon Père, ne la boirais-je pas ? » ; « Le coq ne chantera pas avant que tu m'aies renié trois fois[106] » […]

---

106. *Ibid.*, p. 137.

Pour Pierre, toutes ces paroles lui permettent tout à coup de prendre conscience jusqu'à quel point il est aimé tel qu'il est aux yeux de Jésus. Certes, il découvre sa fragilité à demeurer fidèle à son Seigneur puisqu'il le renie à trois reprises. Dans l'évangile de *Luc*, les mots utilisés par Pierre marquent une croissance étonnante dans son reniement : « Non, je ne le connais pas » ; « Non, je ne le suis pas » ; « Je ne sais pas ce que tu veux dire ». L'évangile de *Luc* ajoute : « Et à l'instant même, comme il parlait encore, un coq chanta » (*Lc* 22, 60). Et c'est alors que « Pierre se souvint de la parole que le Seigneur lui avait dite : "Avant que le coq chante aujourd'hui, tu m'auras renié trois fois" » (*Lc* 22, 61). Pierre n'aurait pu imaginer que ses dernières paroles de reniement « se reflétaient comme un écho dans les yeux pleins d'amour et de souffrance du maître et retombaient dans le cœur de Simon comme du sel sur une plaie. [...] Non ce n'étaient pas les Juifs, ce n'étaient pas les Romains qui blessaient Jésus en cette nuit, mais lui, Pierre[107] ! » Et pourtant... Jésus laisse transparaître dans son regard tendre son amour inconditionnel qui va jusqu'à lui pardonner son désaveu. À partir de ce moment-là, Pierre est porté par cette tendresse et cette miséricorde du Seigneur au point qu'un jour viendra où il donnera sa vie pour lui.

---

107. *Ibid.*, p. 138.

Ne montrons pas trop rapidement Pierre du doigt en nous disant que nous aurions fait mieux. Que de fois, il nous arrive aujourd'hui de rejeter le Seigneur ! C'est le cas lorsque nous rougissons à cause de notre foi au Dieu de Jésus Christ ; lorsque nous ne reconnaissons pas sa présence dans les autres au point de les ignorer ; lorsque nous n'osons pas dénoncer des injustices qui font des plus pauvres de réelles victimes. Comme Pierre, il importe de ne pas nous décourager à cause de ces moments où nous nous sommes détournés du Seigneur. Son regard tendre continue de se poser sur nous. Il nous relève de nos reniements afin de nous donner le courage pour le suivre encore.

À la messe quotidienne célébrée le 21 septembre 2013 dans la chapelle de la maison Sainte-Marthe, au Vatican, le pape François commente un passage de l'évangile et rappelle comment l'apôtre Pierre, après son reniement, a été bouleversé par le regard du Christ qui marchait vers sa Passion. Le Saint-Père souhaite que notre vie se poursuive toujours sous le regard quotidien du Christ en attendant son regard éternel :

> Cela a été le cas, par exemple, pour Pierre qui après avoir renié Jésus trois fois, croise son regard et pleure amèrement. Chacun d'entre nous dans la vie, nous avons senti ce regard, et

pas une seule fois : tant de fois ! Peut-être à travers la personne d'un prêtre qui nous a enseigné la doctrine ou nous a pardonné nos péchés... Peut-être aussi à travers l'aide d'amis. Mais tous, nous serons confrontés à ce regard du Christ, ce regard merveilleux. Et nous allons dans la vie, avec la certitude qu'Il nous regarde. Mais lui aussi nous attend pour nous regarder définitivement. Et ce dernier regard de Jésus sur nos vies sera pour toujours, sera éternel. Je demande à tous ces saints et saintes qui ont été vus par Jésus, qu'ils nous préparent à nous laisser regarder dans la vie et qu'ils nous préparent également à ce dernier – et premier ! – regard de Jésus[108].

Pour croiser le regard tendre de Jésus, il n'y a qu'un seul chemin : s'arrêter en sa présence et goûter dans notre cœur tout l'amour dont il nous comble au contact de sa parole, des sacrements, de la Création, des personnes que nous rencontrons.

---

108. [papefrancois.jeun.fr/t316-laissons-nous-regarder-par-jesus-son-regard-change-la-vie?highlight=regard] (Site Web consulté le 8 juillet 2020).

La tendresse comme force révolutionnaire de l'évangélisation

Nous ne pouvons pas nous engager dans l'œuvre évangélisatrice sans penser à notre manière d'entrer en relation avec les autres. Il ne s'agit pas de faire du prosélytisme. Les personnes en quête de sens de la vie ou en recherche de Dieu se sentent beaucoup plus interpellées par des témoins qui se surpassent à aimer en actes et en vérité. Le pape François signale avec à-propos, dans son exhortation apostolique *La joie de l'Évangile*, l'importance de ne pas négliger la dimension sociale de la foi. Celle-ci nous invite à développer une culture de la rencontre avec l'autre : « La foi authentique dans le Fils de Dieu fait chair est inséparable du don de soi, de l'appartenance à la communauté, du service, de la réconciliation avec la chair des autres. Dans son incarnation, le Fils de Dieu nous a invités à la révolution de la tendresse[109]. » Autrement dit, s'exercer à devenir des disciples-missionnaires demande que nous ne soyons pas indifférents aux autres en nous soustrayant à leur regard. Il s'agit d'apprendre à découvrir Jésus sur leur visage en nous intéressant à leurs joies et à leurs peines. C'est aussi leur refléter la tendresse dans nos yeux ainsi que dans nos gestes de réconfort et de solidarité.

---

109. Pape François, *op. cit.*, n° 88. « Tout être humain fait l'objet de la tendresse infinie du Seigneur, qui habite dans sa vie » (n° 274).

Comme le dit le pape François, « Dieu nous attire en tenant compte de la trame complexe des relations interpersonnelles que comporte la vie dans une communauté humaine[110] ». Dans ce sens, nous participons de manière informelle à l'annonce de l'Évangile au cœur de nos relations avec les membres de nos familles, nos amis, nos collègues de travail ou d'étude et nos voisins. De plus, les autres nous évangélisent aussi par leurs valeurs, leurs convictions et leur foi. Cela se vit souvent de façon spontanée dans une conversation. Être disciples-missionnaires, à l'invitation du pape François, c'est nous rendre disponibles de manière permanente pour porter la tendresse du Christ aux autres, tout particulièrement auprès des personnes souffrantes, malades ou malheureuses :

> Jésus veut que nous touchions la misère humaine, la chair souffrante des autres. Il attend que nous renoncions à chercher ces abris personnels ou communautaires qui nous permettent de nous garder distants du cœur des drames humains, afin d'accepter vraiment

---

110. *Ibid.*, n° 113.

d'entrer en contact avec l'existence concrète des autres et de connaître la force de la tendresse[111].

Il est parfois difficile de nous rapprocher des autres dans leur pauvreté, leur fragilité et leur souffrance. Cela demande du tact et du charisme. Et, plus que tout, nous avons besoin d'être guidés pour leur annoncer adéquatement l'Évangile. Le pape François propose de nous laisser inspirer par la tendresse de Marie, l'étoile de la nouvelle évangélisation :

> Il y a un style marial dans l'activité évangélisatrice de l'Église. Car, chaque fois que nous regardons Marie, nous voulons croire en la force révolutionnaire de la tendresse et de l'affection. En elle, nous voyons que l'humilité et la tendresse ne sont pas les vertus des faibles, mais des forts, qui n'ont pas besoin de maltraiter les autres pour se sentir importants[112].

---

111. *Ibid.*, n° 270. « Nous savons seulement que notre don de soi est nécessaire. Apprenons à nous reposer dans la tendresse des bras du Père, au cœur de notre dévouement créatif et généreux. Avançons, engageons-nous à fond, mais laissons-le rendre féconds nos efforts comme bon lui semble » (n° 279).

112. *Ibid.*, n° 288. « Marie est celle qui sait transformer une grotte pour des animaux en maison de Jésus, avec de pauvres langes et une montagne de tendresse » (n° 286).

Marie, la mère de Jésus et notre mère, peut nous apprendre la tendresse pour mieux entrer en relation avec les autres. Son témoignage de foi nous montre aussi l'importance de nous laisser conduire par l'Esprit Saint. Il s'agit de se mettre à son écoute, car il nous devance pour nous ouvrir un chemin d'annonce de l'Évangile afin que nous nous y engagions dans un élan de tendresse envers notre prochain.

Le regard tendre de Jésus posé sur moi

1. Quel lien puis-je faire entre le récit des trois reniements de Pierre (*Lc* 22, 54-62) et ma propre vie ?

2. « Pierre suivait à distance » (*Lc* 22, 54). J'identifie un moment où j'ai pris librement mes distances de Dieu, d'une décision prise par une autorité ecclésiale, d'une personne qui blesse ou d'une activité décevante. Qu'est-ce qui justifiait un tel éloignement ? Comment ai-je pu vivre un rapprochement ?

3. Dans le récit évangélique, Pierre est dévisagé par une servante. Situation sûrement inconfortable. Dévisager, c'est regarder quelqu'un avec insistance et indiscrétion. M'est-il arrivé dernièrement de poser un tel regard sur mon prochain ? Pourquoi ? Qu'est-ce qui m'a permis de le voir autrement ?

4. En se retournant, Jésus pose son regard tendre sur Pierre. Je lis de nouveau l'extrait de *Luc* 22, 60-62, et je remplace « Pierre » par mon prénom. Comment est-ce que je me sens sous le regard tendre de Jésus ?

5. À mon tour, le Seigneur m'appelle à refléter son regard de tendresse envers les autres. Quand j'arrive à le faire, quel changement s'opère en moi ?

Ton seul regard tendre suffit pour pardonner

Seigneur, plusieurs fois, durant ma vie,
j'ai été offensé et agressé, j'ai subi des humiliations.
Mais jamais comme toi.

En diverses circonstances,
j'ai causé du tort à mon prochain,
plus par oubli et omission que délibérément.
Mais je n'ai pas toujours pardonné totalement comme toi.

C'est toi et toi seul qui montres
le chemin du vrai pardon.
Tu n'as jamais succombé aux pulsions du ressentiment,
de la rancune, de la vengeance.

Lorsque Pierre t'a trahi,
ton seul regard tendre a suffi pour qu'il se sente pardonné
et pleure amèrement.
Tu as ainsi recréé la fraternité entre toi et lui,
alors qu'elle était brisée par sa lâcheté.
Oui, la tendresse recrée l'avenir,
là où elle ne paraissait plus possible.

Tu as raison, Seigneur,
il n'y a pas de vie humaine accomplie, sans tendresse.
Je pressens même que ton pardon est tellement parfait
que tu vas jusqu'à oublier que tu as pardonné.
Alors que j'ai tendance à dire, comme beaucoup :
« Je suis prêt à pardonner, mais je n'oublierai pas. »
Seigneur, donne-moi de pardonner jusqu'à l'extrême[113].

---

113. Bernard Housset, *Vous dites espérance ?*, Montréal, Médiaspaul, 2019, p. 187.

Quatrième partie

REGARDS DE JÉSUS DANS L'ÉVANGILE DE *JEAN*

Prélude

Nous complétons ces quelques regards de Jésus à partir de l'évangile de *Jean*. Selon la tradition ancienne de l'Église, cinq écrits sont attribués à Jean, fils de Zébédée. Tout d'abord, il y a le quatrième évangile qui témoigne de la venue de Jésus, le Fils unique de Dieu, envoyé par le Père pour le salut du monde. Puis, on retrouve les trois épîtres. Jean les situe comme des lettres à ses communautés dans lesquelles il dénonce une déviation précise de la foi chrétienne et interpelle à demeurer dans la communion avec Dieu. Enfin, les écrits de Jean comprennent le livre de l'*Apocalypse*. Son style littéraire peut faire penser que l'auteur y aborde la question des malheurs et des catastrophes. Pourtant ce livre porte plutôt sur « la révélation de Jésus Christ » (*Ap* 1, 1).

Dès le deuxième siècle, Irénée de Lyon place les cinq écrits de Jean en relation les uns avec les autres comme des livres du Nouveau Testament. Aujourd'hui, il est courant de parler de la « tradition johannique ». L'auteur est associé au disciple bien-aimé de Jésus[114], celui qui est présent à ses côtés lors de son dernier repas. On le considère comme un témoin direct de la mort de Jésus[115]. Avec Pierre, il découvre le tombeau vide et il s'avère le premier à croire au Ressuscité[116]. Ainsi, il est un témoin oculaire des événements révélant la mort et la Résurrection du Christ.

Toutefois, la plupart des exégètes s'entendent pour dire que d'autres personnes – il s'agit possiblement de prêcheurs qui visitent les communautés attachées au témoignage de Jean – contribuent à la rédaction des écrits johanniques. Daniel Marguerat, exégète et spécialiste des écrits néotestamentaires, explique clairement la raison qui motive cette collaboration :

> Le travail littéraire et théologique qui a conduit à la rédaction de Jean s'étend sur plusieurs décennies. Il suppose l'existence d'un milieu stable où des traditions propres aux Églises johanniques ont été recueillies, collationnées, réinterprétées et transmises, un milieu où ce travail théologique et littéraire a abouti à la rédaction progressive de l'évangile, puis des

---

114. Voir *Jn* 13, 23; 21, 20.
115. Voir *Jn* 19, 35.
116. Voir *Jn* 20, 8.

> épîtres. Il est dès lors légitime de supposer que cette tâche a été accomplie par un cercle théologique – l'école johannique – dont la figure fondatrice est vraisemblablement le disciple bien-aimé (*Jn* 13, 23-25; 19, 26-27; 20, 1-10; 21, 2-8.20-24; *cf.* aussi *Jn* 18, 15-16; 19, 34b-35)[117].

Nous retrouvons une trace de ce cercle théologique qui, avec Jean, a contribué à l'écriture du quatrième évangile, des trois lettres et de l'*Apocalypse* : « C'est ce disciple [Jean] qui témoigne de ces choses et qui les a écrites, et nous savons que son témoignage est vrai » (*Jn* 21, 24). Il convient de prendre acte du fait que le quatrième évangile n'est pas l'œuvre unique de Jean, mais d'un groupe d'auteurs. Cela n'exclut pas le fait que Jean ait mis la dernière main à l'évangile en lui ajoutant notamment le chapitre 21[118]. On en attribue la rédaction vers les années 80-90.

Que savons-nous de la communauté chrétienne de Jean ? Elle semble avoir vu le jour en Palestine et en contact étroit avec le judaïsme. Puis, elle s'est déplacée à Éphèse ou en Syrie dans le monde païen. Cette communauté est marquée par la

---

117. Daniel MARGUERAT, *op. cit.*, p. 360-361.
118. *Ibid.*

mentalité grecque. Plusieurs de ses adeptes sont issus du gnosticisme où l'on pense obtenir le salut par la connaissance. Elle a pu être influencée par l'essénisme. En effet :

> [...] la découverte des manuscrits de Qumrân, à partir de 1947, nous a fait mieux connaître une des sectes juives à l'époque du Christ : les esséniens. On relève des points de contact avec Jean : le dualisme, c'est-à-dire l'opposition entre deux réalités comme lumière/ténèbres, vérité/mensonge, la doctrine de l'Esprit qui conduit à la vérité[119].

Bref, la communauté est exposée à des influences culturelles grecques et juives.

Une comparaison entre l'évangile de *Jean* et les trois synoptiques permet d'en faire ressortir la singularité. Ils ont en commun le même genre littéraire évangélique ; les cinq récits apparaissant également dans les synoptiques : la purification du Temple (2, 13-22); la guérison d'un fonctionnaire royal (4, 46-54); le miracle des pains (6, 1-13); la marche sur la mer (6, 16-21) et l'onction à Béthanie (12, 1-8); certaines paroles

---

119. Étienne CHARPENTIER, *op. cit.*, p. 115.

identiques de Jésus[120] et la Passion du Seigneur[121]. On note aussi quatre différences substantielles : le centre du ministère de Jésus n'est plus en Galilée, mais à Jérusalem ; les récits propres à Jean, dont ceux des miracles appelés « signes » comme les noces de Cana (2, 1-12) ; le paralytique à la piscine de Béthesda (5) ; l'aveugle de naissance (9) et la Résurrection de Lazare (11) ; les discours du Christ johannique (1-17) au lieu des paraboles et de brèves sentences ; enfin, les thèmes spécifiques : la vie, la mort, l'amour, la liberté, les signes, l'Esprit Saint et l'heure de la gloire[122].

L'évangile de *Jean* a une structure assez facile à saisir. Il se divise en deux parties : le livre des signes, consacré aux récits relatant le ministère de Jésus (1-12) et le livre de la gloire ou de la Passion, consacré aux événements de la mort et de la Résurrection du Christ (13-20). À ces deux parties s'ajoutent au début un prologue de nature poétique (1, 1-18), qui introduit l'évangile, et à la fin, un épilogue (21) placé après la conclusion. Le quatrième évangile vient enrichir avec simplicité, poésie et lumière la profondeur du regard de Jésus.

---

120. Voir *Jn* 1, 27.33.51 ; 2, 19 ; 3, 35 ; 4, 44 ; 12, 25 et 15, 20.
121. Daniel Marguerat, *op. cit.*, p. 345-346.
122. *Ibid.*, p. 346-347.

Chapitre 10
Un regard émerveillé

Retrouver son cœur d'enfant… C'est pour nous réapproprier un équilibre de vie malgré les préoccupations du travail, le stress d'un événement, l'agenda surchargé du quotidien où que nous essayons parfois d'adopter un rythme moins effréné, capable de gratuité et sensible à l'émerveillement. Nous avons beaucoup à apprendre de l'enfant qui possède tout naturellement une prédisposition à découvrir et à apprécier ce qu'il y a de merveilleux autour de lui. À ses yeux, ce qui compte le plus, c'est le moment présent.

Dans son ouvrage intitulé *Cultiver l'émerveillement*, Catherine L'Écuyer, mère de quatre enfants, prône le retour à la lenteur et à l'admiration[123]. Docteure en science de l'éducation et en psychologie – elle vit à Barcelone, en Espagne –, son livre a été traduit en huit langues dans une soixantaine de pays. Elle rappelle que s'émerveiller, c'est ne rien tenir pour acquis, mais tout voir comme un cadeau. Aujourd'hui, pour nous réapproprier l'émerveillement, il est bon de redécouvrir l'enfant en nous.

Dans nos relations interpersonnelles, la capacité d'émerveillement change notre regard sur notre prochain. Un détail dans son comportement, son attitude, sa réflexion peut susciter notre admiration. Et que dire du sourire qui se dessine sur son visage, contribuant ainsi à ensoleiller notre journée!

La valeur inestimable d'un sourire

S'émerveiller d'un sourire. Je me souviens de cet homme centenaire, que j'ai croisé à Saint-Jean-Port-Joli dans une résidence de soins de longue durée. J'ai gravé dans ma mémoire non pas son nom ou les détails de son histoire personnelle,

---

123. Voir Catherine L'Écuyer, *Cultiver l'émerveillement. Comment préserver la soif d'apprendre de nos enfants*, Montréal, Québec/Amérique, 2019, coll. « Dossiers et documents », 192 p.

mais la douceur de son sourire et la qualité de sa présence. Au soir de sa vie, il a perdu un peu l'ouïe et la capacité de parler. Mais la chaleur de son sourire réchauffe les cœurs des gens qui le visitent. Malgré la fragilité de sa santé, sa gaieté appelle ce qu'il y a de meilleur en moi. Près de lui, mes problèmes semblent résolus. Sans trop s'en rendre compte, son sourire me rend plus humain, plus décentré de moi-même, plus tourné vers lui. Son sourire rayonne d'un bonheur profond et il communique sa joie. Je crois que son sourire sincère touche en moi quelque chose d'essentiel : l'appel à aimer avec émerveillement mon prochain !

Un jour, en visitant la cathédrale de Reims, en France, je me suis arrêté devant l'ange qui sourit, une sculpture placée dans l'un des portails de l'église. Les tailleurs de pierre ont su exprimer le sourire même de Dieu sur le visage de ce messager céleste. L'ange au sourire vient dire à tous ceux et celles qui le contemplent combien Dieu les aime, se fait proche d'eux et veut leur faire partager son bonheur. Il nous apprend que, lorsque nous échangeons un sourire aimable, nous pouvons y découvrir le sourire de Dieu.

Dans son évangile, Jean nous rapporte que Jésus, à propos de l'amour de Dieu, affirme : « Je vous ai dit cela pour que ma joie soit en vous, et que votre joie soit parfaite » (*Jn* 15, 11). En disant cette parole de bonheur, les yeux de Jésus ont dû sourire !

La rencontre de Jésus avec Nathanaël

L'évangéliste Jean présente un texte qui lui est unique au chapitre 1, versets 43-51. Il s'agit du bref récit de la vocation de Nathanaël, un personnage attachant. Et Jésus dirige un regard d'émerveillement sur cet homme qui deviendra l'un de ses disciples :

> [43] Jésus décida de partir pour la Galilée. Il trouve Philippe, et lui dit : « Suis-moi. »
>
> [44] Philippe était de Bethsaïde, le village d'André et de Pierre.
>
> [45] Philippe trouve Nathanaël et lui dit : « Celui dont il est écrit dans la loi de Moïse et chez les prophètes, nous l'avons trouvé : c'est Jésus fils de Joseph, de Nazareth. »

⁴⁶ Nathanaël répliqua : « De Nazareth peut-il sortir quelque chose de bon ? » Philippe répond : « Viens, et vois. »

⁴⁷ Lorsque Jésus voit Nathanaël venir à lui, il déclare à son sujet : « Voici vraiment un Israélite : il n'y a pas de ruse en lui. »

⁴⁸ Nathanaël lui demande : « D'où me connais-tu ? » Jésus lui répond : « Avant que Philippe t'appelle, quand tu étais sous le figuier, je t'ai vu. »

⁴⁹ Nathanaël lui dit : « Rabbi, c'est toi le Fils de Dieu ! C'est toi le roi d'Israël ! »

⁵⁰ Jésus reprend : « Je te dis que je t'ai vu sous le figuier, et c'est pour cela que tu crois ! Tu verras des choses plus grandes encore. »

⁵¹ Et il ajoute : « Amen, amen, je vous le dis : vous verrez le ciel ouvert, et les anges de Dieu monter et descendre au-dessus du Fils de l'homme. »

Ce récit évangélique nous interpelle à nous laisser mener jusqu'au bout de notre foi. Comme Nathanaël a été vu par Jésus au moment où il venait vers lui, nous évoluons sous le regard de Dieu, émerveillés de prendre conscience que notre nom est gravé depuis toujours dans son cœur. Et Dieu nous invite à tourner nos yeux vers le Christ, le Fils de Dieu, comparable à un figuier qui nous protège et nous appelle à faire fructifier sa Parole.

Nathanaël vu sous le figuier

Le récit de Jean au chapitre 1, versets 43-51 centre notre attention sur un personnage sympathique : Nathanaël, appelé ainsi dans le quatrième évangile, alors que les synoptiques le désignent plutôt sous le nom de Barthélemy, apôtre du Seigneur. Qui est-il ? L'évangile de *Jean* le présente comme un ami de Philippe grâce auquel il fait la connaissance de Jésus. Après la Pentecôte, on ne sait guère ce qui est arrivé à Nathanaël, sinon par des sources tardives. Le martyrologe romain lui attribue l'annonce de l'Évangile en Inde et en Arménie. Son nom vient de l'araméen *Bartholemy* qui signifie « fils de Talamy ». Tandis que « Nathanaël » évoque plutôt en hébreu « Yahvé a donné ». Cet homme de Cana en Galilée est choisi par Jésus pour devenir l'un de ses Apôtres.

Le quatrième évangile est le seul à présenter la rencontre de Jésus avec Nathanaël, aperçu sous le figuier. La mise en scène du récit se développe en quatre temps : le moment où Jésus trouve Philippe ; l'étape qui conduit ce dernier à repérer Nathanaël ; le maître apercevant l'homme qu'il a vu sous le figuier et la profession de foi de cet Israélite. Le regard de Jésus est mentionné à trois reprises dans ce texte biblique : « Jésus voit Nathanaël venir à lui [...] » (*Jn* 1, 47); « [...] quand tu étais sous le figuier, je t'ai vu » (*Jn* 1, 48); « Je te dis que je t'ai vu sous le figuier [...] » (*Jn* 1, 50). Nathanaël trouve grâce auprès de Dieu puisqu'il a grandi sous son regard. Mais le fait que Jean le mentionne avec insistance montre que Nathanaël en a conscience et qu'il s'apprête possiblement à y résister.

Dans la première scène, Jésus marche vers la Galilée. Il est à la recherche de nouveaux disciples. Il trouve « Philippe qui était de Bethsaïde, le village d'André et de Pierre » (*Jn* 1, 44). L'évangéliste Jean emploie ici une technique littéraire en forme de binôme : « chercher/trouver ». Jésus « cherche » Philippe, le « trouve » et l'interpelle : « Suis-moi » (*Jn* 1, 43). L'évangile est discret quant à la réponse de Philippe, mais nous pouvons supposer qu'il suit le Seigneur puisqu'il va, à son tour, « faire signe » (chercher) à un ami de venir « rencontrer » (trouver) Jésus.

Philippe trouve Nathanaël et lui dit : « Celui dont il est écrit dans la loi de Moïse et chez les prophètes, nous l'avons trouvé : c'est Jésus fils de Joseph, de Nazareth » (*Jn* 1, 45). C'est la deuxième scène de ce récit évangélique. Voilà que Jésus, qui avait cherché et trouvé Philippe, se plaît à le mettre en route pour le faire chercher et trouver, à son tour, un nouveau disciple. Émerveillé de sa rencontre avec Jésus, Philippe ne peut garder pour lui ce bonheur. Il lui faut le partager. Mais Nathanaël réplique avec sarcasme : « De Nazareth peut-il sortir quelque chose de bon ? » (*Jn* 1, 46). Il ne partage pas la joie de Philippe qui a trouvé le Messie. Bien au contraire, Nathanaël semble mépriser la bourgade choisie par Dieu pour en faire sa patrie d'origine. Il ne réalise pas que le Messie fait de la terre entière sa demeure et qu'il vient sans éclat. Aux yeux de Nathanaël, Jésus ne peut être ce sauveur tant attendu. Mais Philippe insiste : « Viens et vois » (*Jn* 1, 46). L'approche de Philippe est très intéressante. Il n'essaie pas de convaincre son interlocuteur par des paroles. Il accompagne plutôt Nathanaël pour lui faire vivre une expérience, une rencontre personnelle. Aussi est-il invité à venir et à voir Jésus. Encore aujourd'hui, Philippe nous est présenté comme un modèle d'accompagnement des autres dans la mission. Lorsque nous accompagnons quelqu'un en quête de sens à la vie et de Dieu, il ne s'agit pas de lui communiquer des croyances, mais plutôt de lui montrer le chemin pour lui permettre d'entrer dans une relation avec le Ressuscité.

Dans la troisième scène, l'évangéliste Jean présente la rencontre entre Jésus et Nathanaël. Jésus le reconnaît le premier : « Lorsque Jésus voit Nathanaël venir à lui, il déclare à son sujet : "Voici vraiment un Israélite : il n'y a pas de ruse en lui" »

(*Jn* 1, 47). Les yeux de Jésus posés sur cet homme de Cana reflètent l'émerveillement. Jésus aime à la fois l'humilité de Nathanaël et son ouverture de cœur, qui lui permettent de vivre sous le regard de Dieu. Nathanaël a déjà fait l'expérience de la proximité de Dieu par sa fidélité à la Loi. Cela ne peut que réjouir Jésus. Celui-ci voit le cœur de Nathanaël et il ne perçoit pas de mal ni de mensonge, car il est un homme de bien. En approchant, il entend les propos de Jésus à son sujet. Il s'exclame avec étonnement : « D'où me connais-tu ? » (*Jn* 1, 48). Pour une première fois, voilà une drôle de manière d'entrer en relation avec Jésus. C'est que Nathanaël se demande peut-être qui a rapporté à Jésus des propos qui le concernent.

Pour dissiper tout malentendu, Jésus répond à Nathanaël : « Avant que Philippe t'appelle, quand tu étais sous le figuier, je t'ai vu » (*Jn* 1, 48). Pour une deuxième fois, le regard émerveillé de Jésus est rapporté à propos de Nathanaël. Mais qu'y a-t-il de spécial à voir quelqu'un sous un figuier ? Selon certains commentaires bibliques, évoqués dans « les Livres historiques (*1 R* 5, 5; *2 R* 18, 31; *1 M* 14, 12) comme pour les prophètes (*Jl* 2, 22; *Mi* 4, 4; *Za* 3, 10), le repos "sous la vigne et le figuier" est l'image de la paix[124] ». Jésus voit en Nathanaël quelqu'un qui aime Dieu, ce qui fait de lui un homme de paix. De plus,

---

124. Collectif, *op. cit.*, p. 151.

selon les traditions rabbiniques, « être sous le figuier » marque un rapprochement avec « l'arbre de la connaissance du bien et du mal et signifie : se consacrer à l'étude des Écritures, source de toute connaissance sacrée[125] ». Nathanaël est sans doute heureux et fier d'avoir été remarqué par ce maître qui reconnaît en lui son amour pour la Torah. En effet, cette passion des Écritures, Jésus l'a bien vue. Mais Nathanaël est-il seulement épaté à l'idée que Jésus l'ait vu lire les Écritures ? Bien sûr que non. Il se peut que le déclic de cette rencontre entre Nathanaël et Jésus soit lié à un secret. Sous le figuier, en étudiant les textes de la Loi, Nathanaël a pu voir quelque chose que l'évangéliste Jean ne nous révèle pas. Il n'y a que Nathanaël et Celui sous le regard de qui cela s'est produit qui pourraient le dire. Lorsque Jésus dit à Nathanaël « je t'ai vu sous le figuier », il lui révèle de manière discrète qu'il connaît son secret, puisqu'il l'a partagé avec lui. Ainsi, « être sous le figuier », c'est aussi entrer dans l'intimité d'un cœur à cœur avec Dieu.

Dans la quatrième scène, Nathanaël, dit Barthélemy, sous le regard émerveillé de Jésus, sera invité à faire un pas de plus : passer des Écritures à la personne du maître. C'est d'ailleurs ce que fait Nathanaël en le reconnaissant immédiatement : « Rabbi, c'est toi le Fils de Dieu ! C'est toi le roi d'Israël ! » (*Jn* 1, 49). Il s'agit bien de la profession de foi de Nathanaël en

---

125. *Ibid.*, p. 151-152.

Jésus qui, comme le souligne Jean Chrysostome, Père de l'Église et évêque de Constantinople, ne s'appuie pas sur des miracles :

> Jésus lui dit seulement ce qui était nécessaire, et Nathanaël, ayant reçu un signe indubitable, confessa le Christ. Son peu d'empressement avait montré son caractère posé : son assentiment démontra sa loyauté : « Rabbi, tu es le Fils de Dieu, tu es le Roi d'Israël ! » Tu es Celui que l'on attend… Pierre, après bon nombre de miracles et d'enseignements, confesse : « Tu es le Fils de Dieu », et le Christ lui répond : « Tu es bienheureux, parce que le Père te l'a révélé ». Nathanaël confesse avant les miracles, avant l'enseignement, et on ne lui dit rien de tel. Pourquoi ? Parce que Pierre a confessé le Christ comme Fils de Dieu et Nathanaël simplement comme un homme. D'où le savons-nous ? De ce qui suit ; car, après « le Fils de Dieu », Nathanaël a ajouté : « Tu es le roi d'Israël ». Or, le Fils de Dieu n'est pas seulement roi d'Israël, mais roi du monde entier[126].

---

126. *Ibid.*, p. 153.

Selon Jean Chrysostome, comme il manque un élément essentiel dans la confession de Nathanaël, le Christ renchérit en disant : « Amen, amen, je vous le dis : vous verrez le ciel ouvert, et les anges de Dieu monter et descendre au-dessus du Fils de l'homme » (*Jn* 1, 51). La version de la traduction œcuménique de la Bible (TOB) en donne un commentaire intéressant :

> Comme dans les synoptiques, le Christ de Jean porte le titre de Fils de l'homme. Mais la vision eschatologique évoquée par *Dn* 7, 9-15 et promise par Jésus au cours du procès devant le Sanhédrin (*Mc* 14, 62; *Mt* 26, 64) est inaugurée dès à présent. En fonction de la présence de Jésus sur la terre, les cieux sont ouverts (*Ex* 63, 19; *Mc* 1, 10; *Lc* 2, 9-13) et la communication avec Dieu, qu'annonçait le rêve de Jacob (*Gn* 28, 17), devient réalité permanente pour les croyants[127].

Ainsi, en acceptant de suivre Jésus, Nathanaël découvre que Jésus annonce qu'en lui la communication entre Dieu et l'humanité est pleinement établie. Cela conduit Nathanaël à vivre

---

127. COLLECTIF, *Traduction œcuménique de la Bibl*e, Paris, Cerf, 1981, p. 295 (voir la note *u* du verset *Jn* 1, 51).

une conversion du regard. Nathanaël passe d'un premier regard sur Jésus, qui s'arrête surtout à son humanité, à un second qui confesse sa divinité.

L'appel à s'émerveiller de l'étonnante actualité de l'Évangile

Comme baptisés, il peut être facile de nous perdre dans plusieurs activités en pensant bien faire pour la propagation de l'Évangile. Un tel activisme peut entraîner chez nous une fatigue excessive, une perte de notre joie de servir et une démobilisation intérieure. D'où l'importance de maintenir un juste équilibre dans notre participation à la mission du Christ. Le pape François met en garde contre le risque de perdre notre joie de l'Évangile et notre capacité de nous émerveiller :

> Comme elle est dangereuse et nuisible, cette accoutumance qui nous porte à perdre l'émerveillement, la fascination, l'enthousiasme de vivre l'Évangile de la fraternité et de la justice ! La Parole de Dieu enseigne que, dans le frère, on trouve le prolongement permanent de l'Incarnation pour chacun de nous : « Dans la mesure où vous l'avez fait à l'un de ces plus petits de mes frères, c'est à moi que vous l'avez fait » (*Mt* 25, 40). Tout ce que nous faisons pour

les autres a une dimension transcendante : « De la mesure dont vous mesurerez, on mesurera pour vous » (*Mt* 7, 2); et elle répond à la miséricorde divine envers nous. « Montrez-vous compatissants comme votre Père est compatissant. Ne jugez pas, et vous ne serez pas jugés ; ne condamnez pas, et vous ne serez pas condamnés ; remettez, et il vous sera remis. Donnez et l'on vous donnera... De la mesure dont vous mesurez, on mesurera pour vous en retour » (*Lc* 6, 36-38). Ce qu'expriment ces textes, c'est la priorité absolue de « la sortie de soi vers le frère » comme un des deux commandements principaux qui fondent toute norme morale et comme le signe le plus clair pour faire le discernement sur un chemin de croissance spirituelle en réponse au don absolument gratuit de Dieu[128].

Le pape François voit un rapprochement important entre notre capacité de nous émerveiller de l'étonnante actualité du message de l'Évangile et l'appel à le mettre en pratique auprès de nos frères et sœurs dans le besoin. Lorsque l'Église d'ici se met au service de la solidarité et de la justice envers les gens

---

128. Pape François, *op. cit.*, n° 179.

qui en ont besoin, elle possède une carte intéressante à jouer pour l'annonce de l'Évangile. Cette annonce n'est plus perçue comme un beau discours, mais plutôt comme une action concrète pour la promotion humaine. Dans une société moderne où les valeurs de fraternité, de solidarité et d'aide humanitaire sont importantes, une telle action en faveur des personnes qui luttent contre la pauvreté rend l'annonce de l'Évangile plus crédible aux yeux de nos contemporains et contemporaines. On ne perçoit plus uniquement l'Église comme un lieu de culte. Celle-ci se fait plutôt connaître comme une communauté proche des personnes en détresse. De plus, elle reçoit de ces dernières un souffle nouveau et se laisse interroger par leur situation. L'Église d'aujourd'hui et de demain gagne à accompagner les baptisés afin qu'ils deviennent des disciples-missionnaires capables de s'émerveiller de la présence du Christ dans leurs frères et sœurs. Alors, leurs actions solidaires répondent à l'invitation du Seigneur d'aimer leur prochain et d'en prendre soin.

Le regard émerveillé de Jésus posé sur moi

1. Quel mot ou quelle phrase du récit de la rencontre de Jésus avec Nathanaël (*Jn* 1, 43-51) a une résonnance nouvelle pour moi ?

2. Au début de l'évangile, Jésus prend l'initiative d'aller au-devant de Philippe. Il le choisit comme l'un de ses Apôtres. Pourquoi lui, Philippe, et pas un autre ? Pourquoi le Christ a-t-il voulu me choisir un jour ? Je prends un moment pour m'émerveiller du don de son appel dans ma vie.

Jésus suscite une réaction en chaîne dans le cœur de Philippe, au point qu'à son tour, il cherche et trouve Nathanaël pour l'inviter à rencontrer le maître. Suis-je assez familier ou familière avec le Seigneur pour parler de lui aux autres ? Comment puis-je donner le goût à mon prochain de découvrir le bonheur dont Jésus Christ me comble ?

3. En écoutant Philippe lui parler de Jésus, Nathanaël se demande : « De Nazareth peut-il sortir quelque chose de bon ? » (*Jn* 1, 46). Il s'arrête à sa première impression à propos du lieu de la provenance de Jésus : Nazareth, un village souvent méprisé à l'époque. En général, quels sont mes propres mépris ?

4. « Avant que Philippe t'appelle, quand tu étais sous le figuier, je t'ai vu » (*Jn* 1, 48), dit Jésus à Nathanaël. Quand je pense à l'histoire de mon cheminement vocationnel, comme parent, célibataire en service, membre de la vie consacrée, laïque avec des engagements privés, diacre,

prêtre ou évêque, quel a été l'événement déterminant où j'ai ressenti le regard émerveillé de Jésus posé sur moi ?

5. « Tu verras des choses plus grandes encore » (*Jn* 1, 50), affirme Jésus. Quelles sont les œuvres de Dieu sur lesquelles mes yeux peuvent s'émerveiller ?

Prière à Saint Barthélemy, apôtre appelé Nathanaël, dans l'évangile de *Jean*

Saint Barthélemy,
« avant que Philippe t'appelle,
quand tu étais sous le figuier, Jésus t'avait vu ».
Son regard émerveillé s'était posé sur toi
afin que tu deviennes son disciple.
Nous te confions notre foi, apôtre zélé.
Que nous puissions dire comme toi :
« Rabbi, c'est toi le Fils de Dieu ! »
Que nous sachions annoncer Jésus Christ,
Rédempteur du monde.

Saint Barthélemy,
Jésus a dit de toi : « Il n'y a pas de ruse en lui. »
Nous te confions nos vies,
témoin de Celui qui est la Vérité.
Que nous puissions témoigner avec force

et dans la vérité de la présence et de la miséricorde de Jésus.
Nous te confions ceux et celles
qui ne connaissent pas encore l'amour de Dieu,
prédicateur de feu.
Qu'ils obtiennent la grâce de la conversion.

Saint Barthélemy,
le Seigneur a accompli par toi des miracles éclatants.
Ton zèle missionnaire a changé
la face des contrées en Inde et en Arménie,
où tu es allé proclamer le message du Ressuscité.
Nous te confions l'Église de Jésus Christ
afin qu'elle poursuive sa conversion missionnaire.
Que ta prière nous obtienne de devenir
des disciples-missionnaires passionnés
par l'annonce de l'Évangile [129] !

---

129. Voir [notredamedes3vallees.be/2016/08/24/une-pause-par-jour-24-aout-2016/] (Site Web consulté le 10 juillet 2020). La *Prière à Saint Barthélemy, apôtre appelé Nathanaël dans l'évangile de Jean* s'inspire d'un texte publié sur la page de ce site Web.

Chapitre 11
Un regard contemplatif

Dans la vie spirituelle, l'attirance pour la « contemplation » est indéniable. Mais que plaçons-nous sous ce mot ? La notion est riche par les différents sens qu'on lui donne. Au cours de l'histoire, pour les Grecs et encore pour saint Thomas d'Aquin, la contemplation s'exerce dans l'activité scientifique qui a pour objet la connaissance. Elle exprime autant l'idéal de l'artiste, du philosophe, du théologien que du spirituel. Le père Jean Laplace, jésuite qui a exercé un très long ministère d'animation de retraites spirituelles, rappelle que chez tous, « la contemplation a ceci en commun : l'exercice d'un certain regard qui porte sur un objet qui dépasse les données immédiates de nos sens ou notre expérience des événements[130] ». Un tel regard permet d'en découvrir un sens

---

130. Jean LAPLACE, *De la lumière à l'amour. Retraite avec saint Jean*, Paris, Desclée, 1984, p. 42.

profond. Aujourd'hui, la contemplation vise surtout la vie spirituelle ou esthétique. Dans le christianisme, elle favorise une activité de recherche intérieure pour une adhésion plus personnelle de foi au Dieu de Jésus Christ. Bien que le mot « contemplation », au sens strict, ne se trouve pas dans la Bible, les prophètes s'en inspirent, dans l'Ancien Testament, pour parler de Dieu. Puis, dans le Nouveau Testament, les disciples vont contempler en Jésus Christ, celui qui révèle Dieu de manière complète et entière.

La contemplation peut advenir au terme d'un moment de prière où l'on devient plus intensément présent à Dieu. Elle débouche sur le silence, car nos paroles deviennent inutiles. Il y a alors comme une dépossession de soi afin de s'en remettre à Dieu pour le chercher et le rencontrer. La contemplation peut aussi se vivre plus facilement à la lecture d'un texte des Écritures. Il y a aussi ceux et celles qui s'y adonnent plus spontanément dans la nature.

Le tournesol, un signe interpellant pour chercher la lumière de Dieu

Anne-Dauphine Julliand, écrivaine et journaliste à la revue chrétienne *Panorama*, explique comment un événement de la nature lui a permis d'approfondir l'importance de se tourner quotidiennement vers l'Essentiel :

Je ne sais pas si vous l'avez remarqué mais les tournesols ne lèvent plus la tête vers le soleil. Ce n'est pas nouveau, semble-t-il, mais c'est tout de même assez troublant. Je n'y avais pas fait attention, et j'ai eu un vrai choc en le réalisant. Comme si l'on m'annonçait que la terre avait cessé de tourner. Je suis restée les bras ballants devant leur tête basse. Désespérément basse. Comme si un poids trop lourd leur faisait courber l'échine.

Petite, j'aimais regarder les tournesols suivre la course du soleil, leur grosse fleur en forme d'astre s'orientant au fil de la journée de l'est vers l'ouest. À la nuit tombée, ils faisaient discrètement le chemin en sens inverse pour être bien positionnés dès l'aube. Je pouvais rester des heures à contempler les champs colorés de ce jaune solaire. Je percevais l'attrait artistique qu'ils avaient suscité chez Van Gogh. Ils m'inspiraient plus encore. J'y voyais une parfaite illustration du sens de la vie terrestre.

J'ai bien compris que les tournesols nouvelle génération étaient plus productifs et plus résistants. Ils ont été génétiquement modifiés pour répondre à des exigences de rendement. Mais au passage, ils ont perdu leur éclat. Ils ont l'air bien plus tristes ainsi positionnés la tête en bas. Et plus que leur éclat, ils ont même perdu leur boussole. Un peu à l'image de ce monde qui avance tête baissée et dos courbé, le regard rivé sur des considérations terre à terre, sans plus suivre la lumière. Alors, soyons des tournesols, des vrais ! Quoi de mieux en effet qu'un tournesol, enfin du moins un de ceux qui tournaient, pour expliquer l'appel à la sainteté au quotidien ? Nous sommes invités, tout au long de notre chemin ici-bas, à avoir nous aussi les pieds solidement campés dans le sol, enracinés dans la terre, tout en gardant les yeux levés vers le ciel. Suivre la course du soleil, c'est rester connectés à la lumière et à la chaleur. C'est se tourner toujours vers l'Essentiel[131].

Anne-Dauphine Julliand témoigne que les tournesols observés en pleine nature sont pour elle une manière plus adaptée de contempler. Cela lui permet de prendre conscience que Dieu se révèle à elle par sa Création. De sorte que l'observation des tournesols l'attire à développer son amitié avec Jésus Christ.

---

131. Anne-Dauphine Julliand, « La tête en bas », *Panorama*, n° 566, 2019, p. 58.

La fascination du regard d'Anne-Dauphine Julliand lui permet de voir au-delà des plantes que sont les tournesols. Elle y perçoit une manifestation de l'amour de Dieu pour elle. Cela suscite en elle un désir profond de se tourner davantage vers son Seigneur.

Marie et le disciple bien-aimé au pied de la croix

L'auteur du quatrième évangile écrit ses récits, animé par une profonde activité contemplative qui nous relance à tourner notre regard vers le Seigneur. Les textes de Jean nous enseignent la contemplation qui « nous apprend à regarder Dieu ou l'homme à partir de Jésus Christ. Elle aide à faire la synthèse de toutes ces manières de voir[132] ». Ce qui frappe dans l'attitude contemplative de Jean, c'est que l'humanité de Jésus introduit dans l'intimité avec Dieu. C'est vrai depuis l'épisode des noces de Cana jusqu'à celui de la Croix.

Dans l'extrait de la Passion que l'on trouve en *Jean* 19, 25-27 – il s'agit d'un passage qui est propre à cet évangéliste –, l'auteur médite sur Jésus crucifié et son regard posé sur Marie, sa mère, et Jean, le disciple qu'il aimait. Ce regard conduit le Crucifié à une dépossession de sa mère et de son disciple afin de les ouvrir sur un nouveau mystère. Il nous révèle, au-delà

---

132. Jean LAPLACE, *op. cit.*, p. 43-44.

de Marie et du disciple au pied de la croix, l'œuvre de Dieu qui s'accomplit dans le don de son Fils unique et qui fait jaillir l'Église naissante :

> [25] Or, près de la croix de Jésus se tenaient sa mère et la sœur de sa mère, Marie, femme de Cléophas, et Marie Madeleine.
>
> [26] Jésus, voyant sa mère, et près d'elle le disciple qu'il aimait, dit à sa mère : « Femme, voici ton fils. »
>
> [27] Puis il dit au disciple : « Voici ta mère. » Et à partir de cette heure-là, le disciple la prit chez lui.

L'évangéliste Jean nous invite à contempler Jésus au moment de son agonie. C'est l'accomplissement de sa mission d'amour qui marque le don de sa vie. Marie est là, face à son fils crucifié. C'est l'heure où elle est transpercée dans son cœur par une peine profonde. Et Jésus qui s'en va parle à sa mère d'un autre. Il s'agit du disciple bien-aimé à qui Jésus confie sa mère. Par ses dernières paroles, Jésus convie Marie et le disciple à se regarder l'un l'autre, un moment, à se détacher de lui, à se détourner de la croix.

Le regard contemplatif de Jésus crucifié sur sa mère et son disciple bien-aimé

Le récit de *Jean* 19, 25-27 est un extrait de la Passion du Seigneur ; cet évangile est le seul à mettre en scène Marie, mère de Jésus, et Jean, le disciple bien-aimé, au pied de la croix. Chez Matthieu et Marc, le récit de la crucifixion montre plutôt des larrons ou des malfaiteurs crucifiés avec Jésus et qui l'insultent[133]. Luc, pour sa part, rapporte deux larrons en croix : l'un blasphème contre Jésus, et l'autre lui demande de se souvenir de lui dans son Royaume[134]. Les évangiles mettent en lumière une attitude remarquable de Jésus. Sur la croix, Jésus va recréer des liens avec le bon larron, Marie et Jean. Jusqu'à ses derniers instants de vie, il se révèle l'« homme-pour-les-autres ».

Ce passage johannique nous conduit à l'absolu de la Passion. Dans les versets précédents, les soldats ont crucifié Jésus. « Ils prirent ses habits ; ils en firent quatre parts, une pour chaque soldat » (*Jn* 19, 23). Quant à la tunique qui était d'une seule pièce, « ils se dirent entre eux : "Ne la déchirons pas, désignons par le sort celui qui l'aura" » (*Jn* 19, 24). Certains exégètes voient une symbolique rattachée à la tunique dans

---

133. Voir *Mt* 27, 44 ; *Mc* 15, 32b.
134. Voir *Lc* 23, 39-43.

les versets suivants : « Si la tunique sans couture était symbole de l'unité qui doit caractériser l'Église "Une, Sainte, Catholique et Apostolique", il est à présumer que, dans le prolongement des versets 23-24, les versets 25-27 ont une portée ecclésiale, d'autant plus que les versets 31-37 concluront sur cette même perspective[135]. » En effet, ce texte de l'évangile de *Jean* place en perspective le binôme Marie/communauté des disciples en mettant en scène Jésus crucifié, le disciple bien-aimé et trois femmes : « sa mère et la sœur de sa mère, Marie, femme de Cléophas et Marie Madeleine » (*Jn* 19, 25).

C'est sûrement une contribution de l'exégèse moderne de nous apprendre que nous sommes devant un genre littéraire particulier. Au début des années 1960, le père Michel de Goedt, carme déchaux et exégète français, publie à ce sujet un article qui devient un classique et qui obtient l'approbation des autres spécialistes du Nouveau Testament[136]. Sa contribution permet de démontrer que le récit de Marie et du disciple bien-aimé au pied de la croix relève d'un « schème de révélation » que l'on retrouve jusqu'à quatre fois dans l'évangile de *Jean*. Ce schème de révélation se compose de quelques éléments : (1) les personnes A et B (il peut y en avoir plus) ;

---

135. Collectif, *op. cit.*, p. 734.
136. Voir Michel DE GOEDT, « Un schème de révélation dans le quatrième Évangile », *New Testament Studies*, Cambridge University Press, 1961-1962, 8, p. 142-150.

(2) la personne A voit la personne B ; (3) la personne A déclare quelque chose au sujet de B en commençant par l'expression « voici » ; (4) vient ensuite un titre qui révèle quelque chose de la personne B[137]. À titre d'exemple, le commencement du quatrième évangile relate Jean le Baptiste près du Jourdain : « Le lendemain encore, Jean se trouvait là avec deux de ses disciples. Posant son regard sur Jésus qui allait et venait, il dit : "Voici l'Agneau de Dieu" » (*Jn* 1, 35-36). On y retrouve les quatre éléments du schème de révélation : (1) Jean avec deux disciples près du Jourdain et Jésus passe par-là ; (2) Jean le Baptiste regarde Jésus ; (3) et il dit : « Voici [...] » ; (4) le titre qui révèle quelque chose de Jésus : l'Agneau de Dieu. Par cette déclaration, Jean le Baptiste révèle que Jésus, qui approche du Jourdain, est le Messie. Si nous regardons cette fois, la scène au pied de la croix dans *Jean* 19, 25-27, les deux paroles de Jésus adressées à sa mère et à son disciple bien-aimé font partie du schème de révélation : (1) Jésus crucifié, les trois femmes et le disciple ; (2) Jésus voit sa mère, puis le disciple qu'il aimait ; (3) il dit à sa mère et au disciple : « Voici [...] » ; (4) il révèle à Marie qu'elle sera la mère du disciple et celui-ci sera désormais le fils de cette femme. Dans chaque schème de révélation, il y a une corrélation entre « voir » et « dire ». De plus, nous retrouvons deux titres, « mère » et

---

137. Voir *ibid.*

« fils », qui indiquent une nouvelle relation entre Marie et le disciple bien-aimé. Comme le suggère Ignace de la Potterie, jésuite et éminent bibliste connu pour ses publications, les personnages dans l'évangile de *Jean* symbolisent souvent des groupes :

> Ici, nous devons bien garder présent à l'esprit ce qui a été mis si clairement en lumière par l'exégèse moderne, notamment qu'il y a chez Jean une tendance constante à faire fonctionner les personnes dans son évangile comme les personnifications d'un groupe, et en ce sens, comme des symboles, comme des « types ». […] Quelque chose de pareil vaut aussi pour les deux personnes présentes au pied de la croix. Marie et le disciple y accomplissent une fonction de représentation[138].

Les quelques mots dans *Jean* 19, 25-27 ont été abondamment commentés dans un sens symbolique : Marie comme mère universelle et le disciple bien-aimé comme une représentation de l'ensemble des disciples.

---

138. Ignace DE LA POTTERIE, *Marie dans le mystère de l'alliance*, Paris, Desclée, 1988, coll. « Jésus et Jésus-Christ », n° 34, p. 242.

En croix, Jésus pose d'abord son regard contemplatif sur sa mère. Il voit sa peine, son impuissance face à l'agonie qu'il subit. Bien que Marie soit éplorée, Jésus observe silencieusement qu'elle demeure debout :

> Car la compassion de la Vierge ne se clôt pas sur sa propre douleur, elle est tout entière active, maternelle. C'est ce qu'indique ce mot « mère » qui va revenir pratiquement six fois en ces trois versets, et décliné de façon à montrer la passation ou l'extension de cette maternité spirituelle, puisqu'on va de « sa mère » (*Jn* 19, 25) à « ta mère » (*Jn* 19, 27)[139].

Jésus confie Marie à son disciple bien-aimé en la désignant comme celle qui deviendra sa « mère ». Mais, juste avant, il s'adresse à elle pour lui confier son disciple bien-aimé. Il est remarquable que l'évangéliste Jean ne mette pas dans la bouche de Jésus les mots « maman » ou « mère », mais plutôt celui de « femme ». Il s'agit d'une appellation inusitée de la part d'un fils. Comme à Cana, Jésus s'adresse à Marie en l'appelant « femme ». Les deux textes de *Jean* 2, 1-5 et 19, 25-27 mentionnent, au début et à la fin, Marie comme « mère ». Mais ils indiquent aussi une certaine distance entre Jésus et Marie.

---

139. Collectif, *op. cit.*, p. 735.

C'est comme si Jésus voulait faire sortir Marie de son seul rôle de maternité physique en lui disant : « Femme, voici ton fils » (*Jn* 19, 26). Il importe de lire ce passage de la Passion avec comme arrière-fond le texte de la « Fille de Sion[140] ». Cette image de « "la Fille de Sion" ou [de] la "Mère Sion" rappelle ses enfants de l'exil pour former avec elle le nouveau peuple de Dieu sur le mont Sion. Jean applique cela par transposition au mystère de la Croix et le concrétise dans les personnes de Marie et du disciple au pied de la croix[141] ». Le mot « femme » avec lequel Jésus s'adresse à sa mère évoque le fait qu'elle rassemble dorénavant la « nouvelle Sion », soit l'ensemble des disciples du Christ. On retrouve alors une signification ecclésiologique. « En devenant la mère de tous les disciples de Jésus, Marie devient la mère de toute l'Église. [...] Comme personne individuelle, elle est la mère de Jésus, et elle devient la mère de nous tous, la mère de l'Église. La maternité corporelle à l'égard de Jésus se prolonge dans une maternité spirituelle envers l'Église[142]. » À l'Incarnation, Marie conçoit et enfante corporellement Jésus tandis qu'à la crucifixion, elle conçoit et enfante spirituellement les disciples de son Fils. Sur la croix, Jésus révèle que Marie devient la mère de ses disciples, de toute l'Église à naître.

---

140. Voir *Is* 60, 4-5; 31, 3-14; *Ba* 4, 36-37; 5, 5.
141. Ignace DE LA POTTERIE, *op. cit.*, p. 244.
142. *Ibid.*, p. 246-247.

Puis, Jésus contemple de ses yeux son disciple bien-aimé. Le quatrième évangile ne mentionne pas le nom de ce disciple. Mais la tradition a transmis, avec vraisemblance, qu'il s'agit de l'apôtre Jean. Ignace de la Potterie précise un aspect intéressant : « Le caractère stéréotypé et emphatique de la formule "le disciple que Jésus aimait" attire l'attention sur deux grands thèmes johanniques : la condition même de *disciple* et *l'amour* de Jésus pour le disciple. Il aperçoit sa tristesse, son désarroi, sa compassion[143]. » Ici, le « disciple bien-aimé » n'est pas à prendre dans un sens exclusif. Au contraire, « le disciple que Jésus aimait représente donc les disciples de Jésus, qui comme tels sont accueillis dans la communion avec le Christ[144] ». Il est le témoin de la crucifixion et au pied de la croix, il devient le fils de la mère de Jésus : « Voici ta mère » (*Jn* 19, 27). Au fond, il ne s'agit pas d'une affection spéciale de Jésus pour l'un de ses Apôtres, mais plutôt de l'évocation du disciple fidèle qui marche à la suite du Christ.

« Et à partir de cette heure-là, le disciple la prit chez lui » (*Jn* 19, 27). C'est la réponse du disciple bien-aimé à qui Jésus confie sa mère. Pour bien comprendre ce passage, il importe de s'arrêter au verbe « prendre ». Du grec *lambanô,* il est utilisé selon deux contextes différents dans l'évangile de

---

143. *Ibid.*, p. 242.
144. *Ibid.*, p. 243.

Jean[145]. Il peut s'agir d'abord de prendre un objet, par exemple : « Jésus prit les pains » (*Jn* 6, 11). Mais il y a aussi une deuxième allusion possible quand le complément du verbe *lambanô* est une personne vivante. Souvent, il s'agit de Jésus qui est « accueilli avec foi ». Le seul moment où ce verbe ne se rapporte pas à la personne de Jésus, c'est dans la scène au pied de la croix, où il vise plutôt Marie. Ainsi, le disciple bien-aimé accepte de manifester son hospitalité à Marie pour sa sécurité et en prendre soin. Mais il l'accueille aussi dans la foi comme la mère de l'Église. Et il la prend « chez lui ». Il ne s'agit pas tant de sa maison. On pourrait dire que le disciple l'a prise « dans son intimité, dans sa vie intérieure, dans sa vie de foi[146] ». Cet accueil dans la foi évoque toute la disponibilité intérieure du disciple à mettre en œuvre les dernières paroles de Jésus et à exécuter son testament spirituel en devenant le fils de Marie, en la recevant dans son cœur comme sa mère.

L'urgence de retrouver un esprit contemplatif

À l'heure de l'agonie sur la croix, Jésus, par le don de sa vie, révèle l'amour de son Père pour l'humanité. « Car Dieu a tellement aimé le monde qu'il a donné son Fils unique, afin que quiconque croit en lui ne se perde pas, mais obtienne la vie

---

145. Voir *ibid.*, p. 248-249.
146. *Ibid.*, p. 251.

éternelle » (*Jn* 3, 16). Avant de fermer les yeux, sur la croix, il a su contempler en Marie, celle qui devient notre mère. Ainsi, Jésus nous apprend que la contemplation peut être un regard porté sur une personne pour en faire un modèle. Mais elle est aussi une collaboration à l'œuvre de Dieu dans le monde. Jésus voit en Marie, sa mère, la mère de l'Église. Sans doute que le disciple bien-aimé, en prenant chez lui Marie, est initié par elle à regarder le monde autrement et à méditer dans son cœur tous les événements qu'il vit. Inspiré par un tel regard qui voit au-delà des apparences, le pape François valorise dans son exhortation apostolique, *La joie de l'Évangile,* l'activité contemplative si vitale pour toute personne voulant faire de sa vie un témoignage de l'amour de Dieu :

> La meilleure motivation pour se décider à communiquer l'Évangile est de le contempler avec amour, de s'attarder en ses pages et de le lire avec le cœur. Si nous l'abordons de cette manière, sa beauté nous surprend, et nous séduit chaque fois. Donc, il est urgent de retrouver un esprit contemplatif, qui nous permette de redécouvrir chaque jour que nous sommes

> les dépositaires d'un bien qui humanise, qui aide
> à mener une vie nouvelle. Il n'y a rien de mieux à
> transmettre aux autres [147].

C'est dire que nous sommes appelés à contempler et à redécouvrir, à partir des évangiles, ce que Jésus a vécu avec ses disciples afin de nous en inspirer dans nos efforts pour proposer le message chrétien. Une telle activité contemplative des Écritures permet d'apprécier l'actualité de l'Évangile qu'est Jésus Christ. Son message a toujours une pertinence dans notre société en quête d'espérance et de mieux vivre. L'annonce de l'Évangile du Christ trouve un point de rencontre avec le monde moderne grâce au souci du bien commun de la société. D'où l'importance, selon le pape François, de braquer nos yeux sur ce qu'il y a de bien et de grand dans la cité, signe de la présence de Dieu :

> Nous avons besoin de reconnaître la ville à partir d'un regard contemplatif, c'est-à-dire un regard de foi qui découvre ce Dieu qui habite dans ses maisons, dans ses rues, sur ses places. La présence de Dieu accompagne la recherche sincère que des personnes et des groupes

---

147. PAPE FRANÇOIS, *op. cit.*, n° 264.

accomplissent pour trouver appui et sens à leur vie. Dieu vit parmi les citadins qui promeuvent la solidarité, la fraternité, le désir du bien, de vérité, de justice. Cette présence ne doit pas être fabriquée, mais découverte, dévoilée[148].

Une des conditions de l'annonce du message chrétien, c'est d'accompagner les gens d'aujourd'hui pour leur permettre de percevoir la présence de l'Évangile qui est agissante en eux. Pour cela, il importe de ne pas dénigrer *a priori* ce qui fait vivre nos contemporains et contemporaines. Il s'agit simplement de contempler leur vie et de les aider à reconnaître qu'ils sont sur un chemin d'Évangile. Penser l'Église missionnaire, c'est favoriser des activités d'accompagnement pour discerner les touches de cet Évangile déjà présentes dans la vie des personnes. Nous pouvons comprendre l'importance de nous faire proches des gens et de nous intéresser à eux dans notre participation à la mission. C'est vrai pour « le prédicateur [qui] doit aussi se mettre à l'écoute du peuple, pour découvrir ce que les fidèles ont besoin de s'entendre dire. Un prédicateur est un contemplatif de la Parole et aussi un contemplatif

---

148. *Ibid.*, n° 71.

du peuple[149] ». Alors, les récits évangéliques trouvent des résonnances nouvelles. Ils relatent l'appel des disciples, leur conversion, l'amour manifesté par Jésus, son regard contemplatif, sa miséricorde, sa prière à son Père et son accueil envers les malheureux. Les textes de l'évangile de *Jean* s'y prêtent bien pour établir un lien entre la Parole du Christ et ce que nous vivons.

Le regard contemplatif de Jésus posé sur moi

1. Qu'est-ce que le texte biblique, qui décrit Marie et le disciple bien-aimé au pied de la croix de Jésus (*Jn* 19, 25-27), me dit du mystère de Dieu, de ma condition aujourd'hui?

2. Sur la croix, Jésus a pris mes faiblesses. Quel est le fardeau de ma vie que je souhaite déposer au pied de la croix?

---

149. *Ibid.*, n° 154. « Dans une civilisation paradoxalement blessée par l'anonymat et, en même temps, obsédée par les détails de la vie des autres, malade de curiosité morbide, l'Église a besoin d'un regard de proximité pour contempler, s'émouvoir et s'arrêter devant l'autre chaque fois que cela est nécessaire » (n° 169); « Cette attention aimante est le début d'une véritable préoccupation pour [l'autre], à partir de laquelle je désire chercher effectivement son bien. Cela implique de valoriser le pauvre dans sa bonté propre, avec sa manière d'être, avec sa culture, avec sa façon de vivre la foi. Le véritable amour est toujours contemplatif, il nous permet de servir l'autre non par nécessité ni par vanité, mais parce qu'il est beau, au-delà de ses apparences » (n° 199).

3. Sur la croix, Jésus voit sa mère et lui dit : « Femme, voici ton fils » (*Jn* 19, 26) en lui désignant l'apôtre bien-aimé. Ce disciple préfigure les fils et les filles qui forment aujourd'hui le Peuple de Dieu. Comment est-ce que j'y perçois ma place ?

4. Sur la croix, Jésus fixe son regard sur le disciple qu'il aime et il lui dit : « Voici ta mère » (*Jn* 19, 27). À partir de ce moment, le disciple la prend chez lui. Est-ce que je prends « chez moi » Marie comme mère de l'Église et source d'inspiration dans ma vie de foi ? Quelle place occupe-t-elle dans ma prière ?

5. Sur la croix, Jésus pose un regard contemplatif sur sa mère et son disciple bien-aimé. Il voit leur cœur et il leur révèle le projet de Dieu pour eux. Quel est le projet de Dieu pour moi ? Quelle activité contemplative me rejoint le plus ?

Marie, mère choisie par Dieu

Marie,
mère choisie par Dieu,
apprends-nous à suivre Jésus le Seigneur !

Marie,
suivant Jésus sur les longues routes arides.

Marie,
en larmes, transpercée de douleur,
mais debout sous la croix de ton enfant.

Marie,
mère choisie par Dieu
pour bercer entre tes bras le corps mort de Jésus le Seigneur,
soutiens-nous au temps de souffrance !

Marie,
débordante de bonheur
au matin de Pâques.

Marie,
mère de Dieu
notre sœur humaine comblée de grâce,
resplendissante de la beauté venant de Dieu,
montre-nous toujours
Jésus le Sauveur[150] !

---

150. Charles SINGER, *Le livre des fêtes*, Paris, Signes, 2001, p. 108-110.

Chapitre 12
Un regard transformé

J'ai le bonheur de résider à La Pocatière à l'entrée de la magnifique région de Kamouraska, située près du fleuve Saint-Laurent. Chose peu fréquente, l'évêché se situe dans un boisé où l'on retrouve plusieurs espèces d'arbres, dont des érables, des chênes et des pins. Devant ma fenêtre s'élève un marronnier majestueux. Chaque printemps, je m'émerveille d'observer la vie qui se transforme depuis les bourgeons qui éclatent en passant par les feuilles tendres, les fleurs odorantes et les abeilles qui les butinent afin de permettre à l'arbre de produire ses fruits. La lumière devient de plus en plus vive et les journées de plus en plus longues. Après un long hiver, l'été venu, la nature se transforme en un environnement paysager débordant de vie.

Nous pouvons comprendre que la beauté champêtre soit le modèle naturel qu'un artiste souhaite avoir sous les yeux pour en peindre le portrait sur sa toile. La nature est belle, mais combien fragile! C'est d'ailleurs ce qui entraîne plusieurs à se mobiliser pour une société juste, soucieuse de sa faible empreinte écologique et climatique, solidaire de la protection de son environnement. Ensemble, nous pouvons faire une différence pour la sauvegarde de notre maison commune, la terre. Alors, la jeune génération pourra continuer d'être remuée intérieurement lors d'une promenade en nature qui lui permettra d'en goûter la beauté, signe de la présence aimante de Dieu pour elle.

Une onde de choc

Plusieurs convertis témoignent de la transformation qu'a engendrée pour eux la certitude de la présence apaisante de Jésus Christ dans leur vie. Ils se disent tellement heureux de l'avoir rencontré et d'apprendre à le connaître. Leur foi enthousiaste nous relance à nous interroger sur notre propre relation au Christ. Ce Jésus, que représente-t-il pour nous aujourd'hui? Mettre notre foi et notre espérance en lui, ça change quoi au juste? L'expérience de Marion, mère de famille de quarante-cinq ans, marionnettiste et coach en rangement, est très signifiante. Elle témoigne de sa transformation intérieure à la suite d'une promenade en nature :

> Le Christ, je ne peux plus m'en passer. Sans lui, je meurs ! Élevée dans un milieu soixante-huitard, « sans Dieu ni maître », je menais une vie de bohème, qui m'a conduite vers vingt ans au bord du gouffre. Confrontée à un vide existentiel sidéral, je me suis jetée à corps perdu dans une quête spirituelle : ésotérisme, bouddhisme… Tout sauf le christianisme que j'exécrais, à cause de mon éducation.
>
> C'est pourtant le Galiléen qui me rattrape lors d'une marche de Paris à Lourdes ! Mon destin en est chamboulé. Mon père s'étant suicidé, je songeais parfois à aller le rejoindre. Je me refusais à avoir des enfants. Quand il m'a été donné de comprendre que le Christ était la Voie, la Vérité, la Vie, j'ai su qu'il y avait un sens à ma présence sur terre.
>
> Depuis mon baptême, je brûle de partager ma foi, notamment par le biais d'une compagnie de marionnettes que j'ai fondée avec mon mari.

> J'ai pu être rebutée par l'exigence de la vie chrétienne... mais je m'accroche ! Tout confier au Seigneur, le louer chaque jour, me tient debout[151].

Cette foi naissante de Marion n'est pas sans nous faire penser à celle des premiers disciples. Comme eux, elle a vécu une expérience qui a transformé sa vie et qui lui a permis de rencontrer le Christ vivant. C'est au matin de Pâques que les premiers disciples découvrent que Jésus, qui était mort, n'est plus au tombeau. Dieu le Père l'a ressuscité ! Ils vont même le rencontrer lors d'apparitions. Mais, les premières fois, ils ne le reconnaissent pas. C'est que Jésus leur apparaît tout autre, le visage et le regard transformés.

---

151. Raphaëlle Coquebert, « Croire en Dieu, qu'est-ce que ça change ? », *Panorama*, n° 572, 2020, p. 22.

L'apparition du Ressuscité à Marie Madeleine

Le récit de *Jean* 20, 11-18 présente Marie Madeleine[152] qui se tient près du tombeau de bon matin. Elle est la plus citée – quatorze fois – dans le quatrième évangile comme disciple de Jésus et mérite ainsi une place reconnue sur la scène johannique. Elle est la première des disciples à rencontrer le Ressuscité :

> [11] Marie Madeleine se tenait près du tombeau, au-dehors, tout en pleurs. Et en pleurant, elle se pencha vers le tombeau.
>
> [12] Elle aperçoit deux anges vêtus de blanc, assis l'un à la tête et l'autre aux pieds, à l'endroit où avait reposé le corps de Jésus.

---

152. Selon la *Traduction liturgique officielle de la Bible*, la femme au tombeau est désignée dans l'évangile de *Jean* comme « Marie Madeleine ». Plusieurs traductions bibliques s'entendent pour dire qu'elle est « originaire de Magdala (hébreu *migdol* : "tour"), ville située sur le lac de Galilée, au nord de Tibériade. Cette ville est parfois identifiée à Magadan et à Dalmanoutha. Ce qui conduit certaines traductions bibliques à utiliser l'appellation "Marie Madeleine" (sous-entendant "Marie de Magdala" ou "Marie la Magdaléenne") ». (Xavier Léon-Dufour, *Dictionnaire du Nouveau Testament*, Paris, Seuil, 1975, coll. « Livre de vie », n° 131, p. 349).

¹³ Ils lui demandent : « Femme, pourquoi pleures-tu ? » Elle leur répond : « On a enlevé mon Seigneur, et je ne sais pas où on l'a déposé. »

¹⁴ Ayant dit cela, elle se retourna ; elle aperçoit Jésus qui se tenait là, mais elle ne savait pas que c'était Jésus.

¹⁵ Jésus lui dit : « Femme, pourquoi pleures-tu ? Qui cherches-tu ? » Le prenant pour le jardinier, elle lui répond : « Si c'est toi qui l'as emporté, dis-moi où tu l'as déposé, et moi, j'irai le prendre. »

¹⁶ Jésus lui dit alors : « Marie ! » S'étant retournée, elle lui dit en hébreu : « Rabbouni ! », c'est-à-dire : Maître.

¹⁷ Jésus reprend : « Ne me retiens pas, car je ne suis pas encore monté vers le Père. Va trouver mes frères pour leur dire que je monte vers mon Père et votre Père, vers mon Dieu et votre Dieu. »

¹⁸ Marie Madeleine s'en va donc annoncer aux disciples : « J'ai vu le Seigneur ! », et elle raconta ce qu'il lui avait dit.

Marie Madeleine fait l'expérience unique de rencontrer Jésus ressuscité. Ensuite, elle part rapidement annoncer aux autres disciples que Dieu a ressuscité Jésus et que celui qui a été crucifié s'est montré vivant. Lorsque nous méditons ce récit d'apparition, nous sommes devant un événement qui transcende le domaine de ce qui peut être constaté historiquement. La rencontre de Marie Madeleine avec le Ressuscité nous apprend que nous pouvons écouter et regarder l'histoire afin d'y trouver des signes de la victoire de la vie sur la mort. Quel signe Marie Madeleine découvre-t-elle ?

Le tombeau vide

Les évangiles synoptiques présentent quatre récits différents de la Résurrection. Marc met en scène des femmes qui trouvent le tombeau ouvert et vide (*Mc* 16, 1-8). Dans ce récit calme, un jeune homme leur annonce la Résurrection du Christ. Matthieu, pour sa part, commente le tombeau gardé par les soldats (*Mt* 28, 1-8). De bon matin, deux femmes viennent au tombeau. Soudain, le bruit d'un grand tremblement de terre se fait entendre. Le tombeau s'ouvre et un ange proclame que Jésus est ressuscité. Du côté de Luc, les femmes trouvent le tombeau et la pierre qui a été roulée sur le côté (*Lc* 24, 1-11). Deux hommes leur attestent la Résurrection.

Dans le récit de la Résurrection du quatrième évangile, nous retrouvons une particularité. Seule, Marie Madeleine vient et trouve le tombeau ouvert. Elle part annoncer aux disciples qu'on a enlevé le corps de Jésus. À leur tour, Pierre et Jean vont au tombeau, constatent qu'il est vide et repartent. Mais Marie Madeleine demeure là, près du tombeau. L'évangéliste Jean a l'originalité de mettre en scène Jésus vivant qui apparaît à cette femme. Le Ressuscité va même lui parler. Enfin, Marie Madeleine repart vers les disciples pour leur dire : « J'ai vu le Seigneur! » (*Jn* 20, 18).

Il est tout de même étonnant de constater que ces quatre récits, malgré certains rapprochements, sont aussi fort différents. Ces textes bibliques de la Résurrection sont beaucoup moins longs que ceux de la Passion et de la mort de Jésus. Ils nous disent tous que Jésus, qui était mort, est maintenant vivant. Ces récits bibliques sur la Résurrection viennent accréditer que Jésus est Dieu et ils fondent son message. C'est sur elle que s'établit la foi chrétienne.

Dans le récit johannique, nous retrouvons Marie Madeleine, deux anges et le Ressuscité. En se rendant au tombeau, Marie Madeleine fera une expérience unique. Elle « se tenait près du tombeau, au-dehors, tout en pleurs. Et en pleurant, elle se pencha vers le tombeau » (*Jn* 20, 11). Elle est toute bouleversée, car le tombeau est vide. Les soldats ont déserté. Marie Madeleine était tellement empressée de revoir, même mort, celui qu'elle avait tant aimé. Mais devant le caveau, choisi par Joseph d'Arimathie pour y déposer le corps de Jésus, c'est l'effarement... La pierre est roulée. Aux yeux de Marie Madeleine, est-ce que le tombeau atteste que Jésus est ressuscité ? Non ! Marie Madeleine va même jusqu'à s'affoler : « On a enlevé le Seigneur de son tombeau [...] » (*Jn* 20, 2). Le tombeau vide exprime que le corps n'est plus là. François Varillon, jésuite et théologien français, note avec à-propos : « Personne n'a jamais vu Jésus sortir du tombeau. Où serait la foi si la Résurrection était un fait historique, incontestable, vérifiable[153] ? ». Dans l'évangile de *Jean*, le récit du tombeau vide n'est pas la preuve, mais bien un signe que Jésus est vivant. C'est la découverte que les disciples feront un peu plus tard en rencontrant le Ressuscité.

---

153. François Varillon, *Vivre le christianisme*, Paris, Centurion, 1992, p. 287.

Dans nos propres vies, il arrive parfois que nous nous retrouvions dans des situations sans issues. Quand nous avons peine à pardonner, quand nous demeurons sur la défensive, quand nous perdons l'espérance, c'est comme si la pierre fermait l'entrée du tombeau. Qu'est-ce qui bloque actuellement l'entrée de mon cœur afin que jaillisse l'amour ?

En se penchant sur l'entrée du tombeau, Marie Madeleine « aperçoit deux anges vêtus de blanc, assis l'un à la tête et l'autre aux pieds, à l'endroit où avait reposé le corps de Jésus » (*Jn* 20, 12). Dans le style littéraire utilisé par Jean, ces deux anges représentent la gloire du Seigneur. Ils font partie des textes de théophanie comme dans *Isaïe* 6, 1-10. Ces anges sont les messagers de Dieu. Par leur présence au tombeau, Jean veut signifier que ce n'est pas la communauté primitive qui a inventé l'événement de la Résurrection. Mais seul Dieu peut nous dire que Jésus est ressuscité. Et seule la foi peut nous le faire accepter. Les anges demandent à Marie Madeleine : « Femme, pourquoi pleures-tu ? » (*Jn* 20, 13). L'évangéliste Jean voit dans « la femme », le symbole de la communauté chrétienne : « Marie Madeleine, en pleurs avant que ne la submerge la joie de la Résurrection, incarne la communauté messianique en quête de son Sauveur. Premier signe que cette apparition, si personnelle, n'en a pas moins valeur éminemment ecclésiale, comme le contexte suffirait à le faire penser, du "Femme, voici ton fils[154]" ». À la question posée par les anges, Marie Madeleine répond : « On a enlevé mon Seigneur, et je ne sais pas où on l'a déposé » (*Jn* 20, 13). Sa réponse évoque sa douleur et sa quête... Le fait qu'elle ne conclut pas à la Résurrection montre que la présence des anges indique la discrétion avec laquelle se révèle la gloire de Dieu.

Après cette brève conversation, Marie Madeleine « se retourna ; elle aperçoit Jésus qui se tenait là, mais elle ne savait pas que c'était Jésus » (*Jn* 20, 14). Sa réaction est révélatrice. Après avoir conversé avec les deux anges vêtus de blanc, Marie Madeleine se tourne et voit quelqu'un d'autre qui se tient là. Elle pense que c'est le jardinier. Pourtant elle connaît bien Jésus. Nous aurions pu nous attendre à ce qu'elle reconnaisse son visage, son regard et sa voix. Cela est le signe que Jésus ressuscité est tout autre. Son visage et son regard transformés ne permettent pas à Marie Madeleine de le reconnaître. Puis, Jésus lui dit : « Femme, pourquoi pleures-tu ? Qui cherches-tu ? » (*Jn* 20, 15). Jésus a beau se tenir bien en vue de Marie Madeleine et lui parler, elle ne le reconnaît pas. La question de Jésus, « Qui cherches-tu ? », située presque à la fin de l'évangile de *Jean* est un écho de la première demande qu'il fait au début lorsqu'il voit les deux disciples de Jean

---

154. Collectif, *op. cit.*, p. 762.

le Baptiste et leur demande : « Que cherchez-vous ? » (*Jn* 1, 38). Le texte du quatrième évangile est ainsi encadré par la même question de Jésus posée au commencement et à la fin. Au fond, c'est la question que Jésus soulève à toute personne qui veut le suivre. Marie Madeleine cherche un Jésus mort, mais voilà qu'elle trouve son maître vivant sans le reconnaître au départ. Par l'autre question de Jésus : « Femme, pourquoi pleures-tu ? », l'évangéliste Jean semble montrer l'incapacité de Marie Madeleine de voir à cause de ses yeux en pleurs qui n'arrivent pas à reconnaître Jésus ressuscité, transformé. À quel moment va-t-elle reconnaître son Seigneur ? Son incapacité de voir n'est vaincue que lorsque Jésus entre en relation avec elle en l'appelant par son nom : « Marie ». À cette parole, « s'étant retournée, elle lui dit en hébreu : "Rabbouni !", c'est-à-dire : Maître » (*Jn* 20, 16). Quel moment touchant ! À l'appel de son nom, les yeux du cœur de Marie Madeleine s'ouvrent. Celle-ci reconnaît Jésus. Bien qu'il soit différent, elle ne peut l'identifier sans être transformée par son regard qui appelle en elle un acte de foi. Progressivement, elle découvre qu'il y a des liens de tendresse avec Jésus qui sont plus forts que la mort. Ce récit johannique montre que la relation entre Jésus et Marie Madeleine ne s'arrête pas à la croix, elle se poursuit pour l'éternité ! La façon qu'a Marie

Madeleine de répondre à Jésus en l'appelant « Rabbouni », un terme affectueux, est la confirmation de sa foi qui naît au Christ vivant.

Et si Jésus ressuscité nous posait cette question : « Que cherchez-vous ? » Il serait intéressant d'entendre ce que nous pourrions dire à propos de notre quête de bonheur. Quelle peut être notre réponse ? Comment cherchons-nous à mieux connaître le Christ vivant dans nos vies ?

En reconnaissant Jésus, Marie Madeleine doit avoir envie de le toucher et de l'embrasser. D'ailleurs, Jésus lui dit : « Ne me retiens pas, car je ne suis pas encore monté vers le Père, vers mon Dieu et votre Dieu » (*Jn* 20, 17). C'est vrai, Marie Madeleine souhaite le retenir. Elle est bouleversée de le revoir vivant, de lui parler comme avant. Mais Jésus ressuscité l'invite à découvrir son corps, son visage et son regard transformés par la Résurrection. Il lui est présent autrement :

> « Cesse de me toucher ! » C'est le passage de la présence sensible à la présence de foi. Plus nous avancerons dans la vie, moins nous aurons de Dieu, du Christ et des réalités spirituelles, une présence sensible. « Car je ne suis pas encore monté au Père. » Quand il sera monté au Père, la présence sera non pas sensible, mais totale.

> Quand il sera monté au Père, il ne sera pas plus à côté de nous ni auprès de nous ; il sera en nous. Puisque Dieu est au cœur même de notre existence[155].

Jésus révèle à Marie Madeleine, grâce à sa foi en la Résurrection, où est la vraie demeure de Dieu : « Dans la maison de mon Père, il y a de nombreuses demeures ; sinon, vous aurais-je dit : "Je pars vous préparer une place" ? » (*Jn* 14, 2). En lui disant : « Je monte vers mon Père et votre Père » (*Jn* 20, 17), Jésus ressuscité lui révèle à propos de son Père : « À tous ceux qui l'ont reçu, il a donné de pouvoir devenir enfants de Dieu, eux qui croient en son nom » (*Jn* 1, 12).

Le même statut d'enfants de Dieu se manifeste dans la mission que le Ressuscité confie à Marie Madeleine : « Va trouver mes frères pour leur dire que je monte vers mon Père et votre Père, vers mon Dieu et votre Dieu » (*Jn* 20, 17). La plupart des récits d'apparition du Ressuscité dans les évangiles se terminent par un envoi. C'est aussi le cas dans le récit johannique : « Va trouver mes frères [...] ». Ce titre de « frères » devient « l'appellation même des chrétiens, dans les *Actes*. Jésus avait déjà révélé à ses disciples ce lien entre eux et avec tous les hommes. Mais il en ouvre ici la source : sa

---

155. François Varillon, *op. cit.*, p. 290.

réunion avec son Père de toujours, qui est aussi désormais notre Père[156] ». Ce titre nous rejoint jusqu'à aujourd'hui dans la désignation des membres du Peuple de Dieu comme « frères et sœurs » du Christ. Il nous rappelle que nous sommes tous et toutes responsables de l'annonce de l'Évangile. Cette mission transmise aux disciples s'inaugure avec Marie Madeleine, une femme, qui devient un témoin direct et privilégié. Sa rencontre avec Jésus vivant lui révèle qu'il s'agit d'une vie toute spéciale. C'est la vie avec Dieu. « Marie Madeleine s'en va donc annoncer aux disciples : "J'ai vu le Seigneur !", et elle raconta ce qu'il lui avait dit » (*Jn* 20, 18). Rencontrer quelqu'un qui est ressuscité ne se raconte pas facilement. Marie Madeleine s'est probablement sentie pauvre de mots pour exprimer le Dieu indicible. Mais elle le fait, car elle est poussée par la joie de la Bonne Nouvelle qui l'habite au matin de Pâques : « Christ est ressuscité ! Oui, Il est vraiment ressuscité ! » Son témoignage et les apparitions du Ressuscité fondent la foi des Apôtres. Aujourd'hui, notre mission d'annoncer le Christ vivant se poursuit dans le sillon tracé par le témoignage de foi de Marie Madeleine et des autres disciples. Certes, de nos jours, il n'y a plus d'apparition du Ressuscité. Mais notre désir d'annoncer

---

156. Collectif, *op. cit.*, p. 764.

la joie de l'Évangile s'appuie sur la parole du Christ vivant communiquée à Thomas : « Heureux ceux qui croient sans avoir vu » (*Jn* 20, 29).

Nous sommes frères et sœurs d'un même Père dont le Fils nous confie une mission guidée par l'Esprit Saint. Quelle est notre mission ? Prenons-nous conscience que nous ne faisons pas qu'accomplir des tâches pour annoncer l'Évangile ? La mission se vit d'abord sur le plan de « l'être » avant celui de « faire ». C'est pourquoi chaque personne peut dire : « Je suis une mission[157] », c'est-à-dire une présence qui témoigne à nos contemporains et contemporaines que le Christ vivant peut faire une différence en donnant un sens à leur vie et en étant source de leur espérance.

La force de la Résurrection dans une transformation missionnaire de l'Église

Dans son exhortation apostolique, *La joie de l'Évangile*, le pape François en intitule le premier chapitre « Transformation missionnaire de l'Église ». À ses yeux, il ne s'agit pas de

---

[157]. Voir George Augustin, *Je suis une mission. Les étapes de l'évangélisation*, Montréal, Médiaspaul, 2019, 155 p. Dans son livre, l'auteur montre, à l'invitation pressante du pape François dans son exhortation apostolique *La joie de l'Évangile*, comment chaque baptisé est appelé à s'investir moins dans le souci pour la préservation défensive des structures administratives ecclésiales, mais plus dans sa présence à la vie du monde.

modifications superficielles. Cette transformation est comparable à une mutation en profondeur, dont il parle en utilisant l'appellation « conversion ». C'est pourquoi il affirme : « L'Église, en mère toujours attentive, s'engage pour que [les personnes baptisées] vivent une conversion qui leur restitue la joie de la foi et le désir de s'engager avec l'Évangile[158] ». Il en parle en matière de conversion pastorale et missionnaire :

> J'espère que toutes les communautés feront en sorte de mettre en œuvre les moyens nécessaires pour avancer sur le chemin d'une conversion pastorale et missionnaire, qui ne peut laisser les choses comme elles sont. Ce n'est pas d'une « simple administration » que nous avons besoin. Constituons-nous dans toutes les régions de la terre en un état permanent de mission[159].

Au fond, pour guider notre conversion, nous pouvons nous poser la question suivante : comment l'Église peut-elle se renouveler pour demeurer fidèle à sa mission ? Cela concerne autant chaque baptisé que l'ensemble de la communauté. Vivre une conversion missionnaire, c'est choisir de changer son regard, de ne plus voir que les ruines comme auparavant,

---

158. Pape François, *op. cit.*, n° 14.
159. *Ibid.*, n° 25.

mais apercevoir ce qui est en train de naître dans l'Église. C'est vivre le passage d'un repli sur nous-mêmes comme membres d'une communauté catholique vers un engagement à sortir pour être présents aux autres, plus particulièrement aux personnes qui connaissent peu le Ressuscité ou qui ne l'ont pas rencontré. Dans ce sens, le disciple-missionnaire est celui qui voit la nouveauté qui germe même dans la nuit d'une crise :

> Là où tout semble être mort, de partout, les germes de la Résurrection réapparaissent. C'est une force sans égale. Il est vrai que souvent Dieu semble ne pas exister : nous constatons que l'injustice, la méchanceté, l'indifférence et la cruauté ne diminuent pas. Pourtant, il est aussi certain que dans l'obscurité commence toujours à germer quelque chose de nouveau, qui tôt ou tard produira du fruit. Dans un champ aplani commence à apparaître la vie, persévérante et invincible. La persistance de la laideur n'empêchera pas le bien de s'épanouir et de se répandre toujours. Chaque jour, dans le monde renaît la beauté, qui ressuscite transformée par les drames de l'histoire. Les valeurs tendent toujours à réapparaître sous de nouvelles formes, et de fait, l'être humain renaît souvent de situations qui semblent irréversibles. C'est la

> force de la Résurrection et tout évangélisateur
> est un instrument de ce dynamisme[160].

Pour libérer l'Évangile et lui donner une chance d'ouvrir des chemins de vie et d'espérance dans le monde d'aujourd'hui, être témoin du Ressuscité nous demande de faire un examen de conscience et de développer notre capacité d'une autocritique : sommes-nous des instruments de renouveau pour le bien de la mission ? Il est tellement plus facile de rejeter la faute sur les autres lorsque rien ne va dans l'Église. Dans notre situation personnelle, notre vie de famille, nos engagements en Église ou notre service ministériel, comment pouvons-nous rendre significative l'annonce de l'Évangile ?

Souvent, nous entendons des personnes se plaindre et dire : « L'Église doit être plus proche de Dieu et des personnes ; elle doit être capable de dialoguer ; elle doit être séduisante et attirante ; elle doit exercer l'autorité comme un service […][161] ». D'une certaine manière, « chaque "doit" nous renvoie à nous-mêmes. Il n'y aura aucune véritable sortie de l'Église si nous ne combattons pas honnêtement les péchés du "on doit"[162] ». Pour cela, nous avons toute une conversion personnelle à vivre. Nous sommes invités à réfléchir pour voir ce que nous

---

160. *Ibid.*, n° 276.
161. George Augustin, *op. cit.*, p. 122.
162. *Ibid.*, p. 123.

pouvons faire afin qu'advienne une Église de proximité, capable de vivre la synodalité dans ses prises de décision, dynamique et plus respectueuse des responsabilités confiées aux autres. S'engager à le faire, c'est ne pas se dérober au regard transformé que le Ressuscité pose sur son Église. Pour y arriver, nous sommes appelés à discerner ensemble de nouveaux chemins à prendre pour l'annonce de l'Évangile aujourd'hui.

Le regard transformé de Jésus posé sur moi

1. Au matin de Pâques, la pierre du tombeau est roulée (*Jn* 20, 11-18). Le Ressuscité ouvre un chemin de vie ! Quel aspect de ma vie a besoin d'être libéré de l'obscurité du tombeau afin de retrouver la lumière ?

2. Sous le regard transformé de Jésus ressuscité, Marie Madeleine est passée de la tristesse à la joie. Quelles sont mes sources de joie dans ma participation à la mission du Christ ?

3. Lorsque le Ressuscité appelle Marie Madeleine par son nom, elle le reconnaît. Ce passage biblique (*Jn* 20, 16) nous rappelle qu'il y a des liens d'amitié, d'amour qui sont plus forts que la mort. De quelle manière créative est-ce que je choisis de demeurer en lien avec mes proches ou mes amis qui sont décédés ?

4. Le Seigneur a posé son regard transformé sur Marie Madeleine, une femme, pour annoncer sa Résurrection aux Apôtres. Comment est-ce que je vis le partenariat hommes-femmes en Église afin de témoigner la joie de l'Évangile ?

5. Ce Jésus ressuscité, où l'ai-je mis dans ma vie ? De quelle manière m'est-il donné de trouver les traces de sa présence ?

6. Comment suis-je un témoin de la vie et de la joie du Ressuscité ?

Le Dieu de la vie

> Dieu de la vie, nous te rendons grâce
> pour ton Fils ressuscité !
>
> Béni sois-tu pour Jésus de Nazareth,
> cet homme de Galilée
> que tu as marqué de ton Esprit Saint
> pour qu'il guérisse les malades
> et libère les prisonniers.
> Loué sois-tu pour ce troisième jour
> où tu l'as fait revivre !

Jour de fête et jour de joie
pour le groupe de ses disciples !
Jour de fête et jour de joie
pour celles et ceux qui depuis deux mille ans
répandent cette nouvelle étonnante,
et qui font naître des communautés pascales
sur tous les points de notre terre !

Jour de fête et jour de joie
pour celles et ceux qui ressuscitent avec le Christ
et recherchent les réalités d'en haut.
Dans le monde ils sont comme un ferment
qui fait lever la pâte.

À l'exemple de Marie Madeleine,
de Pierre et de Jean,
tu nous invites à sortir pour annoncer aux autres
que le Christ est vivant !
Jour de fête et jour de joie
quand tu nous donnes ton Souffle
pour discerner des chemins d'Évangile.
Alors, tu transformes notre regard
pour te reconnaître dans les autres, toi, le Dieu de la vie [163] !

---

163. Prière inspirée d'un autre texte. Voir Collectif, « Saint Jour de Pâques », *Signes d'aujourd'hui*, 129, 1997, p. 135.

Conclusion

Revenir à Jésus. C'est ce que nous avons voulu faire par la méditation de quelques récits évangéliques. Cette méditation sur les regards de Jésus nous relance pour mieux le connaître et le mettre au centre de notre agir missionnaire. Elle nous fait découvrir son humanité et l'étonnante actualité de son message. La portée de ses paroles se reflète dans ses yeux qui scrutent les cœurs. Jésus pose son regard sur des hommes travaillant à leurs filets, des femmes, des pécheurs, des personnes luttant contre la pauvreté, des gens malades. Il révèle Dieu qui fait les premiers pas pour aller à leur rencontre.

Le regard de Jésus provoque un véritable choc sur les gens simples de la Galilée. C'est d'abord l'étonnement, parfois l'effroi, puis la confiance et l'enthousiasme. Nombreux sont ceux et celles qui, dans les quatre évangiles, croisent son regard et sont guéris. José Antonio Pagola, prêtre espagnol qui a été professeur à la faculté de théologie de Vitoria, en Espagne, souligne dans son livre intitulé *Jésus. Approche historique* cet aspect de la mission de Jésus :

> Les sources chrétiennes résument l'action de Jésus en affirmant qu'il se consacrait à deux tâches : annoncer la Bonne Nouvelle du Royaume, et guérir les maladies et les misères du peuple. Son combat fondamental visait à éveiller la foi en la proximité de Dieu en luttant contre les souffrances. C'est aussi la tâche qu'il confie à ses disciples lorsqu'il leur transmet sa mission : « Il les envoya proclamer le règne de Dieu et guérir les malades » (*Lc* 9, 2)[164].

En posant son regard tout particulièrement sur les malades, les pécheurs, les malheureux et les pauvres, Jésus s'émeut, car il voit des gens « désemparés et abattus comme des brebis sans berger » (*Mt* 9, 36). Plusieurs d'entre eux accueillent son message et y trouvent un supplément de bonheur. Certains s'associent au groupe élargi de ses disciples. Leurs vies sont transformées. Après sa mort et sa Résurrection, Jésus leur confie sa mission.

---

164. José Antonio Pagola, *Jésus. Approche historique*, Paris, Cerf, 2012, coll. « Lire la Bible », n° 174, p. 184.

CONCLUSION

Aujourd'hui, le regard de Jésus m'interpelle et me fascine. Il me trouve au moment où je pensais le chercher. *Quand Jésus pose son regard sur moi,* il interroge ma manière de voir les autres et les événements. Il m'emmène inévitablement sur le chemin de la conversion du cœur pour mieux servir sa mission. De manière étonnante, le regard de Jésus m'apprend à voir autrement, c'est-à-dire à voir avec les yeux de Dieu. Mais il y a plus encore. Il s'adresse à chacun et chacune de nous en particulier.

Suivre Jésus, cela implique de mettre au centre de nos vies ce que l'évangéliste Marc rapporte à propos du regard appelant, confiant et aimant de cet homme de Nazareth. Cela consiste aussi à nous laisser séduire par le regard compatissant, intérieur et lumineux que seul Matthieu sait nous raconter avec certains détails anecdotiques. Suivre Jésus, c'est vivre la miséricorde, la bienveillance et la tendresse, tel que Luc le témoigne dans certains de ses récits évangéliques révélant une profondeur insoupçonnée dans le regard du Sauveur. Collaborer à sa mission, c'est voir avec ses yeux émerveillés, contemplatifs et transformés les personnes que nous rencontrons.

Joseph Moingt affirme que la condition pour devenir un disciple de Jésus consiste à capter ses regards à travers les récits évangéliques : « Le candidat disciple commencera ainsi à voir toutes choses autour de lui avec le regard de Jésus, comme si Jésus, devenu son compagnon de route, lui dévoilait la vérité de l'histoire des hommes et de sa propre existence[165]. » Devenir disciples-missionnaires nous conduit à prendre conscience qu'un jour, nous avons été touchés par le regard de Jésus dans une rencontre de foi. Cela a changé notre vie au point que nous voulons témoigner de notre bonheur de le connaître. C'est tout le sens de la mission. En plus de capter les regards de Jésus dans les évangiles, nous sommes appelés à les transmettre par notre manière de voir les autres comme lui. Il s'agit de toute une éducation du regard! Nous y arrivons quand nous voyons notre prochain dans le sans-abri, le migrant, le miséreux, l'abandonné, le malade. Alors, nos yeux ne se ferment plus sur la détresse humaine. Ils reflètent le regard d'amour du Christ vivant!

---

165. Joseph MOINGT, « Transmettre un regard », *Catéchèse*, n° 138, 1995, p. 90.

CONCLUSION

Merci, Seigneur,
pour ton regard posé sur moi
qui me transforme intérieurement.
Tu m'appelles à voir avec le cœur!

Merci, Seigneur,
pour mes yeux qui te cherchent dès le matin.
Fais qu'ils soient clairs
et que mon regard reflète ta présence aimante.
Qu'il ne soit jamais un regard déçu
désabusé, désespéré, mais qu'il sache exprimer
ton amour, ta lumière, ta miséricorde et ton émerveillement.

Donne à mes yeux de savoir se fermer
pour mieux te retrouver.
Donne à mon regard d'être assez profond
pour reconnaître ta présence dans le monde[166].

---

166. Prière inspirée d'un texte de Michel Quoist. Voir COLLECTIF, *À toi, Dieu, la louange. Paroles pour prier*, Ottawa, Novalis, 1981, p. 56.

Remerciements

J'exprime ma reconnaissance aux diocésains et diocésaines de l'Église de Sainte-Anne-de-la-Pocatière pour leur regard qui me révèle celui du Christ vivant.

Ma gratitude s'adresse aussi à Mgr Bertrand Blanchet, évêque émérite de l'archidiocèse de Rimouski, à sœur Nicole Lachance, s.c.q., libraire à l'évêché de La Pocatière, ainsi qu'à l'abbé Michel Talbot, prêtre du diocèse, qui ont révisé mon manuscrit avec rigueur. Leurs corrections suggérées, leurs remarques judicieuses et leurs encouragements précieux m'ont aidé à mener à terme ce projet d'écriture. J'espère que vous aurez autant de bonheur à lire cet ouvrage que j'en ai eu à le rédiger!

Table des matières

Introduction 7

Première partie
**REGARDS DE JÉSUS DANS
L'ÉVANGILE DE *MARC*** 15

Prélude 17

Chapitre 1
Un regard appelant 23
L'appel à regarder chaque être comme la première fois............ 25
L'appel des quatre premiers disciples 27
De la barque au chemin 29
Le lâcher-prise sur un certain critère pastoral 37
Le regard appelant de Jésus posé sur moi 41
Te suivre, Seigneur Jésus 42

Chapitre 2
Un regard confiant 45
Une confiance mise au défi 46
La présence apaisante de Jésus aux disciples
effrayés par la tempête 48
De la peur à la confiance 51
La confiance en l'Esprit Saint dans la mission 58
Le regard confiant de Jésus posé sur moi 61
Dans ta barque, Seigneur! 62

Chapitre 3
Un regard aimant 65
Dans mon cœur 66
L'homme riche 69
Le détachement de ses richesses pour suivre Jésus 72
La rencontre avec l'amour de Dieu
en Jésus Christ : un élan pour la mission 80
Le regard aimant de Jésus posé sur moi 83
Tu m'aimes tel que je suis 84

Deuxième partie
REGARDS DE JÉSUS DANS L'ÉVANGILE DE *MATTHIEU* 87

Prélude 89

Chapitre 4
Un regard intérieur 95
Mon grand-père, un coureur des bois 96
Le paralysé pardonné et guéri 99
Les cœurs révélés aux yeux de Jésus 100
La prière et l'action : un équilibre à trouver dans la mission 107
Le regard intérieur de Jésus posé sur moi 111
Jésus au plus profond de moi 112

Chapitre 5
Un regard compatissant 115
Le vieux moine et ses disciples 116
L'hémorroïsse guérie et la fille de Jaïre rendue à la vie 118
Un regard de compassion suscitant deux guérisons 119

*La compassion envers l'autre au cœur
de la mission aujourd'hui* 124
Le regard compatissant de Jésus posé sur moi 126
Vienne le jour, Seigneur 127

Chapitre 6
Un regard lumineux 129

La vie comme un clair-obscur 130
La guérison des deux aveugles près de Jéricho 132
*Les deux aveugles changés par le regard
lumineux de Jésus* 134
Une Église en sortie auprès des gens au bord de la route ... 140
Le regard lumineux de Jésus posé sur moi 144
Les deux aveugles passant des ténèbres à la lumière 146

Troisième partie
REGARDS DE JÉSUS DANS L'ÉVANGILE DE *LUC* 147

Prélude 149

Chapitre 7
Un regard miséricordieux 155

Des deux côtés de la frontière	156
La parabole du père et de ses deux fils	158
La joie du pardon	162
La miséricorde au cœur de l'annonce de l'Évangile dans le monde	170
Le regard miséricordieux de Jésus posé sur moi	174
Aide-moi, Seigneur, à vivre la miséricorde	175

Chapitre 8
Un regard bienveillant 177

Pas de jugement, juste un regard bienveillant	178
La conversion de Zachée	182
Un festival de regards	184
Le disciple-missionnaire transformé sous le regard bienveillant du Christ	191
Le regard bienveillant de Jésus posé sur moi	193
La rencontre de Zachée	195

Chapitre 9
Un regard tendre 197

Des mains de tendresse	198
Le reniement de Pierre lors de la Passion de Jésus	200
Le regard tendre de Jésus posé sur Pierre	202

*La tendresse comme force révolutionnaire
de l'évangélisation* 211
Le regard tendre de Jésus posé sur moi 214
Ton seul regard tendre suffit pour pardonner 215

Quatrième partie
**REGARDS DE JÉSUS DANS
L'ÉVANGILE DE *JEAN*** 217

Prélude 219

Chapitre 10
Un regard émerveillé 225

La valeur inestimable d'un sourire 226
La rencontre de Jésus avec Nathanaël 228
Nathanaël vu sous le figuier 230
*L'appel à s'émerveiller de l'étonnante
actualité de l'Évangile* 237
Le regard émerveillé de Jésus posé sur moi 239
*Prière à Saint Barthélemy, apôtre appelé Nathanaël,
dans l'évangile de Jean* 241

Chapitre 11
Un regard contemplatif 243

*Le tournesol, un signe interpellant pour chercher
la lumière de Dieu* 244

Marie et le disciple bien-aimé au pied de la croix 247

*Le regard contemplatif de Jésus crucifié
sur sa mère et son disciple bien-aimé* 249

L'urgence de retrouver un esprit contemplatif 256

Le regard contemplatif de Jésus posé sur moi 260

Marie, mère choisie par Dieu 261

Chapitre 12
Un regard transformé 263

Une onde de choc 264

L'apparition du Ressuscité à Marie Madeleine 267

Le tombeau vide 269

*La force de la Résurrection dans une transformation
missionnaire de l'Église* 278

Le regard transformé de Jésus posé sur moi 282

Le Dieu de la vie 283

Conclusion 285

Remerciements 291